O que é ser urbanista

CB017856

O que é ser urbanista
[ou arquiteto de cidades]

MEMÓRIAS PROFISSIONAIS
de Jaime Lerner

Jaime Lerner
em depoimento a Antônio Carlos Vaz

EDITORA RECORD
RIO DE JANEIRO • SÃO PAULO
2011

COPYRIGHT© Jaime Lerner e Antônio Carlos Vaz, 2011

CAPA E PROJETO GRÁFICO DE MIOLO
Regina Ferraz

DIAGRAMAÇÃO DE MIOLO
Abreu's System

FOTO DE CAPA
Arquivo pessoal

FOTOS DO ENCARTE
1, 2, 3, 17 e 31: Acervo pessoal; 4, 5, 6, 7, 9, 10, 11, 12, 13 e 14: Secretaria Municipal de Comunicação Social de Curitiba; 8 e 15: Instituto Jaime Lerner; 16, 17, 18, 19, 20, 21, 22, 23, 24, 25, 26, 29 e 30: Secretaria Estadual de Comunicação Social do Paraná; 27: Lina Faria; 28: Maurilio Chelli; 32: Juliana Bras

CIP-Brasil. Catalogação-na-fonte
Sindicato Nacional dos Editores de Livros, RJ

L624q   Lerner, Jaime, 1959-
           O que é ser urbanista [ou arquiteto de cidades]: memórias profissionais/de Jaime Lerner. - Rio de Janeiro: Record, 2011.
           il.   -(O que é ser)

           ISBN 978-85-01-07562-8

           1. Lerner, Jaime, 1959-. 2. Urbanistas - Brasil - Biografia. 3. Arquitetos - Brasil - Biografia. 4. Arquitetura. 5. Urbanização.
           I. Título. II. Série.

10-3019   CDD: 720.981
                                         CDU: 72.036(81)

Proibida a reprodução integral ou parcial em livro ou qualquer outra forma de publicação sem autorização expressa do autor.
Reservados todos os direitos de tradução e adaptação.

Este livro foi revisado segundo o Novo Acordo Ortográfico da Língua Portuguesa.

Direitos desta edição adquiridos pela
EDITORA RECORD LTDA.
Rua Argentina, 171 - Rio de Janeiro, RJ - 20921-380 - Tel.: 2585-2000

Impresso no Brasil

Seja um leitor preferencial Record.
Cadastre-se e receba informações sobre nossos lançamentos e nossas promoções.

Atendimento e venda direta ao leitor:
mdireto@record.com.br ou (21) 2585-2002

EDITORA AFILIADA

*Para Fani,
responsável por minha qualidade
de vida durante mais de 40 anos*

Sumário

A casa	9
A universidade	19
Curitiba	25
A cidade	41
O estado	51
Estruturas	59
O mundo	63
Criatividade	71
Sensibilidade	77
União Internacional dos Arquitetos	81
O urbanista	85
Trabalho em equipe	89
Instituições de ensino	91

A casa

...minha rua parecia um mar

A primeira vez que vi a lata de fermento Royal, quando era ainda um garotinho, quase fiquei sem entender. A lata tinha um rótulo com um losango; no interior do losango, o desenho de uma outra lata com um losango; dentro, outra lata, e assim por diante. Foi minha primeira sensação de infinito.

Na loja de meu pai, no centro de Curitiba, havia um piso de ladrilhos hidráulicos, com um desenho que às vezes mostrava um desenho no plano e, dependendo da maneira como você olhava, era um desenho no espaço. Os manequins de madeira me davam uma noção da escala humana. Na minha infância, em um dia de enchente a minha rua parecia um mar, e da vidraça das portas da loja eu imaginava estar dentro de um navio. Com a noção de infinito, da escala humana, de espaço do lado de dentro e do lado de fora, eu estava destinado a fazer arquitetura.

Minha rua tinha tudo. Eu andava e confirmava a hora no relógio da Estação Ferroviária. Que então, era o apito da fábrica ao lado de minha casa que anunciava a hora. Ou o cheiro do Café dos Ferroviários, onde, após virar a noite lendo ou estudando, ia tomar meu café. O cheiro da tabacaria onde comprava meus gibis, a trama dos trilhos dos bondes. Ainda hoje posso imitar o barulho deles chegando à estação. O cheiro do verniz dos lustradores de móveis do outro lado da rua. O barulho do ferro de passar da alfaiataria vizinha. As máquinas do jornal em frente, ou os números do circo ali perto. O hotel chique, as estações de rádio, o prédio da Prefeitura, as orquestras do Clube Curitibano.

Ao lado de minha casa, durante alguns anos estacionou o Circo Irmãos Queirolo, que tinha como atração o palhaço Chic-Chic. Quase toda noite eu ia ao circo, sabia tudo sobre o circo. Mais tarde, comecei a montar circos com pedaços de toldos das lojas de minha rua.

Este prólogo explica a minha paixão pela rua, e pela cidade. Essa cidade esteve sempre presente na minha memória, e dela não me afastei. Tornei-me um arquiteto de cidades, e a elas já dediquei mais de 50 anos de minha vida. Quis o destino que eu fosse o responsável por três mandatos de prefeito da minha cidade e por duas vezes governador de meu estado, logo, responsável por 399 municípios, somados às cidades em que trabalhei, estudei, vivi, que percorri.

Também quis o destino que, ao tomar posse como prefeito de Curitiba pela primeira vez, em 1971, meus pais pudessem atravessar a rua de casa até a Câmara Municipal para ver o filho prestar juramento e tornar-se o administrador da cidade que eles escolheram para viver depois de deixar para trás a aldeia de Warecz, na Polônia, que hoje pertence à Ucrânia.

Meus pais vieram para o Brasil em 1933. Eles eram judeus e fugiram do nazismo, seguindo os passos de um tio, irmão de minha mãe, que já estava em Curitiba. Meu avô materno, que era professor de hebraico, veio junto. Todos procuravam esperança, e a encontraram. Foram morar numa casa modesta, na Rua Marechal Floriano, no centro da cidade, onde o fogão a lenha era compartilhado com outra família, de origem libanesa, que eles só então vieram a conhecer.

O QUE É SER URBANISTA [OU ARQUITETO DE CIDADES]

Minha mãe, que se chamava Elza, estava grávida do meu irmão mais velho, Júlio. Meu pai, Félix, começou a trabalhar como ambulante, vendendo roupas pela cidade. Minha mãe dizia que ele não tinha talento para vendas, e que parecia um cabide gigante levando gravatas penduradas no braço. Mas o esforço de meu pai deu resultado. Em pouco tempo, ele abriu uma pequena loja, que não passava de uma portinha. Fazendo uma rigorosa poupança, eles logo conseguiram mudar-se para uma casa um pouco melhor, na Rua Barão do Rio Branco, também no centro, onde eu e meus quatro irmãos nascemos e fomos criados.

Um pouco mais para cima de minha casa, no sentido da Rua XV de Novembro, hoje Rua das Flores, havia um terreno baldio transformado pelos meninos em campinho de futebol. Na Barão do Rio Branco havia ainda o Bar Palácio, hoje em outra rua e ainda famoso por sua vida boêmia, e o hotel Joncher, que sempre me intrigava pela inusitada categoria, parecendo o Negresco, em Nice, com aquela sobriedade europeia. Na hora do almoço, podiam-se ouvir sons de violino vindos do salão principal do hotel; alguém tocava "Luzes da Ribalta", com grande carga de emoção e melancolia. Os garotos, em grupo, espiavam com curiosidade pelas frestas das janelas.

Houve uma época em que um carioca, diretor do América Futebol Clube, passou a fazer parte da vizinhança. Ele chegou trazendo a família, camisas de futebol, floretes de esgrima e luvas de boxe. Para nós, garotos, foi uma festa, a rua transformou-se em cenário de Olimpíada. As lutas passaram a ocupar o canteiro central da rua transversal, transformado em ringue. A adrenalina ia lá pra cima, pois as lutas tinham nos operários das fábricas uma plateia sempre empolgada.

De resto, gibi, circo, rádio e cinema eram nossas diversões favoritas.

Na minha rua, mais acima, ficava a casa do meu tio e as estações de rádio, PRB2 e Guairacá, cujos programas de auditório nós frequentávamos. Eu e meus amigos ganhávamos muitos prêmios nos quiz shows das emissoras, pois tínhamos nossas qualificações: o Tato Taborda — que era um grande orador — discursava, o Mauri Ribeiro cantava, o Gastão Gomes cantava como Rui Rey, um cantor famoso de música cubana, o Bráulio Prado imitava o Bob Nelson, e eu respondia a perguntas de conhecimentos gerais. O prêmio para quem conseguisse chegar ao fim da maratona era um pacote de pudim Medeiros. Um prêmio que logo se transformaria em problema para minha mãe:

— Onde vou guardar tanto pacote de pudim? — ela ralhava de forma bem-humorada.

Até pouco tempo, antes de minha mãe falecer, acho que ainda havia pacotes de pudim Medeiros pela casa.

Não seria exagero dizer que a Rua Barão do Rio Branco e minha casa paterna foram determinantes para que florescesse em mim este sentimento de paixão pela cidade. Costumo dizer que a minha infância não foi passada diante de uma televisão, mas no chafariz da Praça Eufrásio Correia, sob o fascínio das águas e das estátuas. Ali, na praça da estação, ficava um avião de lona, que o fotógrafo usava como cenário para as fotos das crianças pilotando. Assim, eu podia fazer as viagens mais extraordinárias. Quando tinha enchente, o avião se transformava em navio, garantindo uma outra aventura.

Creio que a influência de meus pais foi marcante em meu caráter. Eles tinham maneiras de ser diferentes, mas se

O QUE É SER URBANISTA [OU ARQUITETO DE CIDADES]

completavam, construindo um lar de plena harmonia. Minha mãe era muito alegre, contava histórias, era bem falante. Ela adorava cozinhar e o fazia muito bem, atraindo muitos parentes e amigos para sua mesa. Nos fins de semana, era comum que servisse almoço para mais de trinta pessoas em nossa casa. Mamãe fazia isso cantando.

Meu pai era calado, não gostava muito de falar — até porque minha mãe não deixava muito espaço para ele. Era um homem de cultura, falava algumas línguas além do iídiche, mas aprendeu a ler polonês com mamãe. Um dia, já na década de 1980, participando de uma reportagem que minha filha estava fazendo sobre a vida dos imigrantes, combinamos que ele deveria ser o narrador da história. Eu aproveitei para revelar coisas que estavam no meu coração, esperando que ele se sensibilizasse ao falar de seu passado. "Conta pai, conta a tua história", eu provoquei. Meu pai, então, começou a contar a própria história, chorando.

Ele lembrava que a última imagem da terra natal tinha como ponto principal uma carroça se afastando lentamente do vilarejo. Naquele momento, ele teve a intuição de que jamais voltaria àquele lugar. Meses depois, já no Brasil, quando as cartas dos parentes foram escasseando, ele recebeu a notícia da morte dos pais. Na verdade, a família toda acabaria dizimada e o passado se transformaria num grande silêncio pós-guerra. A região estava destinada a conhecer um período de horror que entrou para a história como o Holocausto.

Depois que os filhos casaram, meus pais foram morar na Praça Santos Andrade, também no centro. Em frente ao prédio deles havia uma turma de bebuns, daqueles bêbados de criar zoeira de mosca. Toda vez que eu ia deixar meus pais em casa, os mendigos corriam para abrir a porta para minha mãe, fazendo todas as gentilezas. Quando minha mãe faleceu, eles apareceram dizendo: "Olha, ela era a única que tinha consideração por nós, dava bom-dia com alegria e sempre nos mandava fatias de bolo. Estamos muito tristes."

Certa vez, o nome da minha mãe foi escolhido para batizar uma escola pública. Eu procurei explicar aos alunos que ela não estava sendo homenageada por ser mãe do prefeito, mas porque tinha seus méritos, era uma pessoa carismática, que sempre se preocupou com a educação dos outros, mesmo sem ser professora. Ela tinha estudado até o ensino médio, mas não conseguiu ingressar na universidade por causa dos chamados "números clausos", que limitavam o acesso dos judeus ao ensino superior. E tem outro detalhe: muitas vezes minha mãe assistia às aulas em pé. Quando não havia carteira suficiente para todos os alunos, eram os judeus que ficavam em pé. Só isso já justificaria o nome dela para uma escola.

Quando minha mãe faleceu, em 1994, meu pai disse: "Olha, você pode encontrar na vida algum homem que tenha gostado muito de uma mulher, porém, mais do que eu amei a sua mãe, não vai encontrar." Eles viveram juntos 67 anos. Depois da morte da minha mãe, ele não aguentou, e poucos meses depois também partiu.

De minha mãe herdei, aparentemente, a facilidade de lidar com as pessoas; do meu pai, as habilidades manuais, o desenho. Meu pai, desde cedo, construía móveis a partir de ripas de madeira dos engradados de caixas de chapéus que vendia em sua loja. Ele consertava tudo em casa. Era também uma pessoa espirituosa, apesar dos hábitos silenciosos, apreciava a cultura em geral, principalmente a leitura, o teatro, e era bom jogador de xadrez. Foi ele quem me apresentou ao *vaudeville*, um tipo de musical bastante difundido pelos judeus. Na época de minha infância, Curitiba era escala para Buenos Aires. Todas as grandes companhias teatrais paravam na cidade antes de seguir viagem. Meu pai me levou algumas vezes às apresentações, que aconteciam no Centro Israelita. Eu fazia algumas imitações a partir destes espetáculos. Assisti, ao vivo, às apresentações de Ida Kaminska, atriz que ganharia o Oscar com o filme *A pequena loja da rua principal*. Eu ainda não tinha dez anos de idade.

Muito tempo depois, quando estava descendo a Segunda Avenida, em Nova York, passei por uma praça onde se apresentava um grupo chamado The Klezmatics, que tocava música *klezmer*, muito comum em casamentos judaicos na Europa Oriental, onde esses músicos viajavam de aldeia em aldeia para tocar em festas e outras grandes ocasiões. Fui assistir e fiquei encantado. Eram todos excelentes músicos, de grande formação clássica, tocando *klezmer* por puro prazer. Dava para perceber que a música vinha impregnada desse *vaudeville*. No fim, corri para uma cabine telefônica e liguei para Curitiba para fazer um agradecimento a quem despertou minha paixão pela cultura judaica: "Muito obrigado, pai."

Na loja do meu pai, a freguesia era formada basicamente por ferroviários e colonos que chegavam pela estação. A loja tinha um balcão oval, de madeira, que foi a minha primeira prancheta. Eu pegava papel e lápis e ficava horas desenhando, principalmente em dias de chuva. Quando eu tinha 11 anos, passei a ser convocado pelo meu pai para ajudá-lo a fazer a lista de pedidos para os representantes das fábricas e também para fazer as vitrines da loja. Era um trabalho importante, pois meu pai confiava no meu gosto.

Essa experiência na loja de meu pai, ainda criança, marcou-me profundamente, não só pelo trabalho, mas também pela convivência com as pessoas que frequentavam o local. Quando fui candidato a governador do Paraná pela primeira vez, um adversário me chamava de "urbanoide", enquanto se apresentava como homem do interior, que conhecia agricultura, que conhecia as pessoas humildes que formavam nosso estado. Ele dizia que eu era o candidato da capital.

Um dia, no programa do partido na televisão, dei-lhe a seguinte resposta: "Eu nasci na Rua Barão do Rio Branco, e na loja do meu pai nós atendíamos os colonos que vinham de todo o Paraná com o pé suado. Era difícil colocar-lhes as botinas, mais complicado que calçar uma criança. Você tem que encaixar os pés meio de lado, pelo calcanhar." Eu terminava a história dizendo: "As mãos, que como prefeito já cumprimentaram reis, rainhas, artistas, cientistas e altos governantes, são as mesmas mãos que calçaram as botas de agricultores do meu estado."

Eu e meus irmãos tivemos uma infância bastante limitada em termos de bens materiais, mas rica em formação. Meu pai nos ensinou o valor do conhecimento e a efemeridade das coisas materiais, sendo que nunca nos foi negada a possibilidade de estudar ou ter acesso à informação. Vem daí um certo desprendimento que tenho por bens materiais. Já houve época em que eu nem sabia a marca do meu carro, por exemplo, mas estava sempre com um livro na mão.

Lembro que, quando era criança, nunca íamos almoçar ou jantar fora, as refeições eram feitas em casa e com disciplina. Mas, por outro lado, nossos pais não economizavam quando eram necessários gastos para nossa educação ou saúde, e nos proviam com o que existia de melhor. Havia austeridade,

O QUE É SER URBANISTA [OU ARQUITETO DE CIDADES]

sim, mas em coisas supérfluas: eu e meu irmão Júlio dividíamos o mesmo par de chuteiras, eu era dono de um pé e ele, do outro. Nosso principal brinquedo eram os aros de boca de fogão a lenha, empurrados pela rua por um bastão com ponta de arame. Tudo era criativo. Essa lição eu aprendi no berço: os jovens não podem crescer frustrados com relação aos seus ideais. Hoje tenho praticado isso com minhas filhas. É o ciclo da vida.

Durante o curso primário, eu estudava numa escola onde havia um professor que nos obrigava a ler três livros por semana, dois em português e um em iídiche. Ele tinha o hábito de perguntar que livro o aluno tinha lido durante a semana. Se fosse um Monteiro Lobato, por exemplo, ele tinha que contar a história inteira. O professor se chamava Baruch Bariach, era ateu e tinha uma cultura extraordinária. A ele também agradeço pelo hábito da leitura.

Depois estudei no Colégio Estadual do Paraná, um dos melhores do estado e que na época era melhor que as escolas privadas. Foi no Estadual, por exemplo, que aprendi inglês e francês. Tive alguns colegas de turma que são amigos até hoje, e por quem tenho grande admiração, como Tato Taborda, jornalista e advogado que foi meu secretário de estado algumas vezes, e Roberto Muggiati, jornalista e escritor de sucesso. Além destes, havia José Augusto Miranda Ribeiro, José Zokner, o Juca, Salomão Blinder, Segismundo Morgestern, o Zig. Formamos uma panelinha que durou muitos e muitos anos.

Eu era frequentador assíduo de bibliotecas, qualquer uma, inclusive a da Caixa Econômica, que ficava na Praça Carlos Gomes e tinha mesas de pingue-pongue. Meus autores favoritos eram Machado de Assis, Karl May, Jack London e Viriato

17

Corrêa, este último principalmente pelo romance *Cazuza*, que marcou minha adolescência. Mais tarde, tornei-me um leitor fanático de Erico Verissimo, Jorge Amado e Dalton Trevisan. Outro escritor que me influenciou bastante foi Isaac Bashevis Singer, que me foi apresentado pelo meu pai e que costumava dizer que o segredo para se contar uma boa história estava no enredo, no suspense que o autor soubesse criar e, principalmente, na certeza de que ninguém conseguiria contar melhor essa história.

A universidade

...eu queria ser arquiteto e urbanista

Em 1962, fui convidado para ser professor do curso de arquitetura da Universidade Federal do Paraná (UFPR). Eu tinha acabado de voltar da França, onde fizera estágio no escritório Candilis, Jozic & Woods. Eu não era ainda um arquiteto, pois o curso não existia quando fiz vestibular; tinha me formado em engenharia civil. A turma para a qual fui convidado para dar aulas seria a primeira de arquitetura da UFPR. Em resposta ao convite, eu disse que seria uma grande honra fazer parte da Escola de Arquitetura da universidade, mas como aluno, pois eu queria ser arquiteto.

Mesmo não tendo sido um estudante aplicado durante os cursos ginasial e científico, não tive grandes dificuldades no vestibular. Eu acordava muito cedo para tomar café e estudar no Café dos Ferroviários, que ficava perto da minha casa e abria às 5 horas. Eu não gostava de matemática, mas, mesmo assim, fui um bom aluno na faculdade de engenharia. Entretanto, minha verdadeira aptidão já estava definida desde os tempos de criança, quando ficava intrigado com as latas de fermento Royal e com os desenhos do piso de ladrilhos hidráulicos da loja de meu pai. Durante o curso de engenharia, eu passava horas na biblioteca lendo livros de arquitetura e já trabalhava em alguns projetos.

Eu estava vivendo o momento da decisão mais importante da minha vida: optar por uma profissão. Alguns conceitos equivocados sobre a profissão de arquiteto, que ainda hoje geram confusão, apareceram nessa hora. Quando alguém diz "eu não sei desenhar", pode estar falando de um impedimento para copiar. O desenho da criação, que é o mais importante, parte da arte de relacionar. Quando o criador está parado e as ideias não vêm, é porque faltam dados para poder relacionar. O desenho é importante, mas o fundamental é a criatividade.

Meu primeiro projeto foi para a Casa do Estudante de Curitiba, que acabou não se concretizando por diversos motivos, mas era um bom projeto. O segundo trabalho — o primeiro a ser concluído — foi o estádio de futebol de Maringá, no norte do Paraná. Não era um concurso; alguém me indicou e o prefeito da cidade quis conhecer o projeto que eu tinha a oferecer. Acontece que os recursos para a obra eram escassos, e era preciso economizar ao máximo. Soube então que o aeroporto da cidade estava sendo construído. Tive uma ideia que foi considerada, no mínimo, pioneira na época: propus utilizar a terra que estava sendo retirada da área do aeroporto para servir de estrutura para o estádio. Faríamos "montanhas" de terra para assentar as arquibancadas. Algumas pessoas do governo municipal consideraram o projeto inviável, mas eu insisti. Obtive alguns pareceres técnicos atestando a viabilidade da obra e consegui a sua realização. Meu argumento principal, no entanto, era que o projeto evitava o desperdício de recursos e materiais, o que impediria que o estádio de Maringá fosse mais um na lista dos campos de futebol inacabados que existiam e ainda existem pelo Brasil.

O QUE É SER URBANISTA [OU ARQUITETO DE CIDADES]

Pouco tempo depois, quando os projetos da Casa do Estudante e do estádio foram publicados numa revista especializada, ganhei uma bolsa de estudos na França, para onde fui em 1962, aos 24 anos.

Em Paris, eu morava no Hotel Saint-Germain, na Rua Cujas, onde Jorge Amado também tinha vivido. No primeiro dia, fui recebido com uma grande manifestação estudantil, um protesto contra a morte de oito estudantes durante um ato pela libertação da Argélia. A multidão gritava: "OAS assassin, OAS assassin."

Além de estudar, consegui um estágio no escritório Candilis, Jozic & Woods, que era muito conceituado, pois tinha vencido o grande concurso de urbanismo de Toulouse e tinha pertencido à equipe de Le Corbusier. Eu trabalhava à noite, pois minha situação como estrangeiro era irregular, e participei de vários projetos do escritório. Mas o dinheiro que ganhava como estagiário somado ao salário da bolsa de estudos não era muito, pelo menos para as minhas pretensões de aproveitar ao máximo minha estada na Europa. Eu gastava tudo que ganhava em viagens. Mal recebia o salário da bolsa e já estava sem dinheiro, chegando a passar dias comendo somente maçã. Mas nada me impedia de pôr o pé na estrada. Eu pegava muitas caronas, mas não gostava de ficar plantado na beira da rodovia. Ia ao mercado e negociava um trabalho braçal com caminhoneiros, carregando caixas em troca da viagem.

Também passei um período na Casa do Brasil, onde conheci tanta gente boa, como Zélio Alves Pinto, cartunista tão bom quanto seu irmão Ziraldo, e o jornalista Luís Edgard de Andrade, que mais tarde foi integrante da equipe do *Pasquim* e da TV Globo. Encontrei o Zélio pela primeira vez quando ele estava preparando a decoração de carnaval da Casa do Brasil, recortando papéis coloridos, colando as alegorias. Eu me sentei ao seu lado e comecei a ajudar — e assim teve início uma amizade que se prolonga até hoje.

Uma das grandes recordações que tenho de Paris é um fato que, na realidade, aconteceu no Chile: a conquista da Copa do Mundo pelo Brasil, que teve uma imensa repercussão na França. As lojas de eletrodomésticos mostravam o jogo final em televisões nas vitrines com dois dias de atraso, atraindo pequenas multidões de espectadores deslumbrados com as habilidades de Garrincha. Os franceses davam gargalhadas com os dribles de Mané, tão desconcertantes e inimagináveis que nós torcíamos como se não soubéssemos do resultado.

Minhas caminhadas noturnas por Paris também trazem boas recordações. Eu costumava sair do escritório altas horas e caminhar a pé para casa, olhando a cidade. Sempre tive uma ligação poética com as cidades em que vivi. Aliás, hoje eu diria que um arquiteto deve trabalhar tão próximo de um filósofo — ou de um poeta — quanto de um engenheiro. As soluções são mais criativas do que técnicas, sem demérito para cálculos e estruturas. Acho até que deveríamos fazer uma adaptação daquela propaganda de um cartão de crédito: "Um filósofo, um poeta. Não saia de casa sem eles."

O bom arquiteto é aquele que tenta traduzir em imagens a beleza da poesia (no caso, concreta, sem duplo sentido) e o pensamento condensado de um filósofo sobre conforto e vida prática. Devemos também buscar a sensibilidade dos artistas, que têm uma epiderme especial e conseguem sentir a sociedade "antes".

Meu olhar atento e crítico sobre as cidades estava nascendo nesses dias em Paris. Foi quando conheci o metrô, que me sonegava a bela paisagem da superfície. Eu achava que havia uma certa tendência de se transformar as cidades em algo inacessível. Eu sempre procurava estabelecer um raciocínio que ajudasse na compreensão dessa linguagem. Os vendedores de complexidade sempre tentam manter certos caminhos tortuosos, pregando a doutrina do obscurantismo. A questão que me inquietava era: o que é importante saber na vida de uma cidade? Você pode levantar dados em pesquisas com muitos números que na realidade se mostram obsoletos ou desnecessários. Acima de tudo, é preciso conversar com a população, ouvir suas ideias e considerar seus pontos de vista.

Curitiba

...ideias para minha cidade

Ao voltar da França, depois de quase um ano, trouxe muitas ideias para minha cidade. Eu tinha projetos para o setor histórico e para as vias estruturais, com a ideia de usar um bonde semienterrado no centro da via principal. Mais tarde o projeto foi aprovado, mas a obra nunca foi realizada.

Fui então chamado pelo prefeito Ivo Arzua, um engenheiro de formação, para trabalhar na agência de planejamento urbano de Curitiba. Lembro-me de uma de minhas primeiras conversas com o diretor de urbanismo:

— Você fez urbanismo? Que pena que nada possa ser feito neste sentido em Curitiba. Veja, não temos recursos nem para desapropriar os imóveis para o alargamento da Rua Marechal Deodoro etc.

Bem, a história mostra como ele estava equivocado. Depois de várias experiências como prefeito e governador, posso afirmar que muitos querem fazer tudo e não têm prioridades, outros são paternalistas, alguns não têm visão solidária, muitos não têm visão estratégica, e a maioria não sabe ou tem dificuldade em fazer junto com a população. Aprendi também que a burocracia pode sepultar boas ideias. Viver em uma cidade implica ter um sonho coletivo.

Em Curitiba, na década de 1960, ao contrário do que acontecia em São Paulo e no Rio, não havia tradição de arquitetura.

Como consequência, não existia trabalho para arquitetos e urbanistas. Eu e meus colegas arquitetos estávamos dispostos a mudar este cenário. Havia um clima de camaradagem que funcionava da seguinte maneira: você terminava seu projeto antes do prazo e se oferecia para ajudar uma outra equipe, mesmo que fosse concorrente. O importante era criar. É claro que estamos falando de projetos dentro do mesmo concurso. Creio que fomos bem-sucedidos, pois hoje Curitiba já tem um grande reconhecimento por sua Escola de Arquitetura e, principalmente, pelo planejamento urbano.

Os concursos para projetos arquitetônicos e urbanísticos sempre foram importantes para impulsionar a profissão. Para os paranaenses, particularmente, os concursos abriram muitas portas. Em 1969, o Instituto de Arquitetos do Brasil escolheu uma equipe do Paraná para representar o país na Bienal de Paris. Fiz parte deste grupo ao lado de Roberto Gandolfi, Abraão Assad, José Sanchotene e Luiz Forte Netto.

O projeto que levamos para Paris foi o de uma ligação entre Brasil e Argentina por meio de uma ponte que deveria ter um grande vão sobre o rio Iguaçu. Essa ponte deveria conter um pequeno centro turístico, com hotel e cassino, sem prejudicar a paisagem. A grande atração, e a grande ousadia do projeto, é que o centro ficaria suspenso abaixo da ponte, permitindo uma visão panorâmica das cataratas. A ideia foi muito discutida na Bienal, onde apresentamos uma maquete maravilhosa, com fios de cobre simulando as quedas das cataratas. A construção chegou a ser cogitada, mas acabou não acontecendo. A ligação entre os dois países foi construída em outro local, com uma ponte convencional.

Curitiba gerou ainda outros projetos importantes, a maioria deles fruto de concursos de arquitetura, e que tiveram destaque nacional, como os prédios do Teatro de Campinas, da sede da Petrobras, no Rio de Janeiro, do edifício sede do BNDES e da Polícia Federal em Brasília.

O início da década de 1960, mais precisamente o ano de 1962, foi especial na minha vida e na do Brasil. Eu tive a experiência de viver em outro país, aprendendo outra língua e conhecendo uma nova cultura, além de ter começado a namorar Fani Proveler, que, dois anos depois, tornou-se minha mulher e mãe de minhas filhas, Andrea e Ilana.

No Brasil, havia uma grande efervescência cultural, com o sucesso da Bossa Nova, do Cinema Novo, a conquista do filme *O pagador de promessas* no Festival de Cannes. Além disso, houve algumas vitórias importantes no esporte, com a conquista da Copa do Chile e os títulos de Maria Esther Bueno, no tênis, e Eder Jofre, no boxe. Nosso país, por meio da cultura e do esporte, ganhava destaque internacional.

Enfim, apesar de algumas derrapadas na política, havia um clima de otimismo no país quando retornei de Paris, no fim de 1962. Cheguei e iniciei logo o curso de arquitetura na Universidade Federal do Paraná. Eu frequentava uma turma composta de 37 janistas e apenas um simpatizante de Juscelino Kubitschek: eu. Até hoje me orgulho disso, pois se você tentar se lembrar dos tempos felizes do Brasil, vai ter que incluir os Anos JK.

...eu fico com a rua tradicional

De todas as novas propostas do urbanismo contemporâneo e espacial, eu fico com a rua tradicional. Rua e caminhadas são duas palavras que se atraem, já dizia o grande Carlos Drummond de Andrade: "Caminho por uma rua que passa por muitos países."

Sempre considerei este tema — a rua — o início do raciocínio sobre cidade, o elemento básico. Em 1972, no segundo ano da minha primeira gestão como prefeito de Curitiba, decidimos fechar para automóveis um trecho central da Rua XV de Novembro, que passou a ser conhecida como Rua das Flores, a primeira rua para pedestres do Brasil. Foi difícil convencer as pessoas de que aquilo seria bom para a cidade. Tivemos que fechar a rua em 72 horas, num fim de semana, para evitar os protestos. Começamos a obra na noite de sexta-feira, e na segunda-feira à noite a rua estava fechada. Depois de alguns meses, todos pediram que eu aumentasse a extensão da rua para pedestres.

Era a consolidação prática de um exercício teórico. Essa realização se tornou um emblema de Curitiba, a cidade pensada para as pessoas, para o coletivo, e não para o automóvel, o individual; a cidade que valoriza a rua em detrimento da construção de viadutos e grandes obras viárias.

Foram as necessidades da cidade que levaram ao nascimento do Instituto de Pesquisa e Planejamento Urbano de Curitiba (Ippuc), em 1965, criado pela união do nosso grupo em torno de uma ideia comum: o planejamento. Quando alguém, mesmo em tom de crítica, diz que a alma do meu trabalho é o Ippuc, eu me orgulho desta constatação.

Quando eu ocupava a presidência do Ippuc, o prefeito na época, Omar Sabbag, queria construir uma nova estação rodoviária para a cidade, pois a que existia não atendia à demanda existente. A intenção dele era construir uma estação como qualquer outra, localizada na saída da cidade, perto de uma rodovia. Eu apresentei a ideia de se fazer uma integração de rodovia com ferrovia, ou seja, uma estação rodoferroviária próxima ao centro. A primeira reação deles, como sempre, foi: "Isso não é possível."

O QUE É SER URBANISTA [OU ARQUITETO DE CIDADES]

Eu pedi um mês de prazo para convencer a Rede Ferroviária Federal de que a obra não só era possível, mas necessária. Um grande amigo, o advogado, Eduardo Rocha Virmond, preparou a primeira minuta do convênio — e lá fomos nós batalhar por aquilo em que acreditávamos. No fim de um mês, conseguimos convencer todos da viabilidade e da utilidade da obra. Em seguida, uma surpresa ainda maior: o prefeito resolveu contratar outro profissional para executar o projeto, que, na verdade, acabou tendo outras características, embora fosse ainda para uma rodoferroviária. Era um projeto bom, mas o nosso era melhor.

O episódio levou-me a pedir demissão do cargo e voltar para o escritório, para dar continuidade ao trabalho de arquiteto. O curioso é que, anos depois, já na condição de prefeito, fui obrigado a trabalhar na conclusão do tal projeto, que eu mesmo tinha combatido.

Esse trabalho, que tive que realizar mesmo contrariado, serviu, pelo menos, para revelar o talento de Cássio Taniguchi, que viria a ser prefeito de Curitiba em duas gestões consecutivas (1997 a 2004). Eu precisava de um especialista para fazer o estudo de viabilidade, e acabei encontrando Cássio na Companhia de Desenvolvimento do Paraná (Codepar), junto com Valdir Okano. Desde então, ele passou a fazer parte de minha equipe, deixando-nos somente para assumir a prefeitura de Curitiba.

...criamos uma nova tecnologia

Quando eu estava trabalhando para o governo do Rio de Janeiro, na coordenação do projeto Rio Ano 2000, sempre surgia a ideia da ampliação do metrô, que já existia com poucas linhas. Nós acreditávamos que a melhor opção era um metrô de superfície. Para isso, o ônibus tinha que ser como uma nova linha de metrô, um veículo diferente, mas com o mesmo modo de operação, apresentando a mesma rapidez.

Foi pela necessidade de fazer a conexão entre ônibus e metrô que criamos as estações-tubo, hoje utilizadas no sistema de Curitiba. Como na capital paranaense não há metrô, adotamos uma versão simplificada da estação, mas nem por isso menos eficiente. O passageiro paga a tarifa quando entra no tubo, e embarca por meio de uma plataforma que está no mesmo nível do ônibus. Ou seja, eliminamos a morosidade causada pela escada na hora do embarque e pelo pagamento dentro do veículo, trazendo para o ônibus duas facilidades do metrô. Lembrando que esses ônibus, desde que foram lançados os expressos, em 1974, trafegam por pistas exclusivas, cercadas por canaletas.

Ao fazer isso, há trinta anos, criamos uma nova tecnologia, conhecida internacionalmente como BRT (Bus Rapid Transit), e hoje implementada em 87 cidades de 29 países. O mais importante de tudo: de importadores de tecnologia, passamos a exportadores.

Isso deu a Curitiba um reconhecimento mundial na área de transporte urbano. Após estes anos todos, ainda continuam me perguntando qual o segredo de Curitiba. Minha resposta é sempre a mesma: não se pode ter medo da simplicidade. Em Curitiba, nós assumimos um compromisso com a simplicidade.

Para ilustrar isso, uso o exemplo de um problema ocorrido durante a implementação do ônibus biarticulado (como se fossem três vagões de metrô, com capacidade para 300 passageiros). Achávamos que os motoristas teriam dificul-

O QUE É SER URBANISTA [OU ARQUITETO DE CIDADES]

dade em parar o veículo com as portas exatamente no local de embarque das plataformas das estações. Essa operação tinha que ser perfeita, não só para o sucesso do sistema, mas para garantir a segurança dos passageiros.

Depois de quebrarmos a cabeça com conversas e análises, recebendo até sugestões para uso de equipamentos eletrônicos caríssimos, o arquiteto e urbanista Carlos Ceneviva, responsável pelo transporte urbano, decidiu pedir a opinião do chefe dos motoristas, que, simples e humildemente, respondeu:

— Basta colocar uma marca, ou uma fita adesiva, no tubo e outra no vidro do ônibus ao lado do motorista. Quando ele alinhar as marcas, o encaixe das portas está garantido.

Fizemos as marcas com um padrão adequado de design e assim o sistema funciona até hoje, sem nunca ter ocorrido qualquer acidente.

Da mesma forma que apostamos na simplicidade em Curitiba, achamos necessário manter um certo compromisso com a imperfeição, sempre acreditando na possibilidade de aperfeiçoar o sistema. Não se deve ser prepotente a ponto de querer ter todas as respostas antes de iniciar os projetos, sob pena de as coisas nunca acontecerem. A falta de criatividade no mundo ocorre porque ninguém se dispõe a correr riscos. Você tem que trabalhar na sinergia dos acontecimentos.

Gosto de dizer que é possível encontrar boas soluções fazendo uso de tecnologia apropriada, não obrigatoriamente sofisticada. Muitas vezes, é apenas um problema de concepção.

O sistema do expresso vai ter sua performance sempre melhorada se não houver mudança do projeto original ou qualquer outra interferência improcedente. Certa vez, quando o projeto da estação-tubo ainda estava no papel, um fiscal da agência de financiamento perguntou: "Como você vai limpar o tubo?" Eu tive vontade de responder: "Com a sua língua, seu cretino."

Essa pergunta poderia servir de questionamento para qualquer outro tipo de construção, menos para um tubo que, pelo seu formato, quase que se limpa sozinho. De qualquer maneira, era uma questão de solução simples, e até mesmo irrelevante diante dos benefícios que o tubo traria ao sistema.

...a solução no tempo

Cada vez mais vamos viver numa cidade 24 horas. Algumas ruas ou regiões urbanas terão destinações diferentes durante o dia. Uma rua de circulação intensa à tarde, por exemplo, pode ser um espaço de passeio à noite. Ginásios esportivos, que funcionam apenas dois ou três dias por semana, poderão ganhar outras utilidades nos dias ociosos, como abrigar uma feira. Assim, pode-se trazer a feira livre para um espaço coberto, protegida da chuva e do frio e, em alguns casos, com a estrutura já semimontada ou guardada no ginásio.

Lembro-me de um episódio absolutamente emblemático ocorrido no Zócalo, centro histórico da Cidade do México, onde eu estava num fim de tarde para analisar problemas de circulação. Subitamente, encontrei-me cercado de pessoas por todos os lados, sem poder caminhar, e com medo de desaparecer na multidão. Havia mais gente na rua do que em Xangai: vendedores ambulantes, milhares de carros, pedestres. Alguém indagou: "Tem solução uma coisa dessas?" Eu respondi: "Claro que tem! Quando você não encontra solução no espaço, tem que resolver no tempo."

O QUE É SER URBANISTA [OU ARQUITETO DE CIDADES]

No Zócalo, ou em qualquer outro centro urbano, pode-se fazer com que os ambulantes ocupem as calçadas, e até algumas ruas, uma hora depois do pico do movimento de carros e ônibus. Podemos, ainda, colocar os ambulantes para trabalharem à noite, trazendo vida e luz para uma região perigosa ou abandonada. É o mesmo conceito utilizado nas *delis* de coreanos em Nova York, que funcionam 24 horas. Elas não vivem às moscas durante as madrugadas. Acabam tornando-se um fator de segurança na região, além de ajudarem no abastecimento e na diversão da cidade. Acho isso motivo suficiente para que se construa um Monumento ao Coreano Desconhecido em Nova York.

O conceito da múltipla utilização é aplicado no Sambódromo, no Rio de Janeiro, onde as estruturas das arquibancadas escondem salas de aulas para alunos da rede estadual de ensino. Com uma ideia simples, mas de grande importância, esse projeto de Oscar Niemeyer justifica a própria existência. Nos fins de semana também podem ser agendados espetáculos de música e dança, ocupando a capacidade ociosa da construção.

Em Curitiba, nós criamos a Rua 24 horas, que funciona com um comércio adequado aos objetivos da ideia: uma banca de jornais e revistas, um bom restaurante, um café, um *fast food* e uma loja de lembranças da cidade, outras atividades que podem funcionar a noite inteira. Alguns dos melhores hotéis foram construídos — posteriormente — próximos ao local da Rua 24 horas. As pessoas são atraídas pela luz e pelas outras pessoas — gente atrai gente —, sem esquecer a oferta de serviços. Como dizia um amigo em tom de brincadeira: "Curitiba não tem boêmio, tem gente que dorme tarde." Para mim, a criação da Rua 24 horas, que tem 120

33

metros de comprimento, representam uma sutil demonstração de que a cidade existe 24 horas.

O funcionamento 24 horas permite ainda a recuperação de áreas abandonadas — como no cais do porto do Rio — e a revitalização de setores produtivos. E revitalizar é voltar a viver. Você tem que criar animação, trazer vida para os bairros fazendo uso de estruturas portáteis que vão preencher uma determinada função na cidade, por um determinado período. Em alguns lugares são necessárias áreas de lazer; em outros, abastecimento, como a instalação de um circo ou de uma feira. Uma grande revitalização para o comércio, por exemplo, são ruas portáteis para funcionar à noite, ideia que também estamos desenvolvendo, para trazer vida a áreas decadentes.

...curando velhas feridas

Nada me dá mais prazer do que transformar o feio em belo, ou transformar um problema em solução. Curitiba tem algumas obras que representam bem isso. Elas nasceram do que se pode chamar de "intuição do arquiteto". No bairro Pilarzinho havia um espaço enorme, onde antigamente funcionavam duas pedreiras. E nada mais feio, mais impactante do que uma pedreira abandonada, uma ferida na natureza onde fica a marca da exploração humana. Em meu segundo mandato na prefeitura, decidi que iria curar aquelas feridas transformando-as em algo bonito, representativo para a cidade. Em uma das pedreiras, imaginei a construção de um grande auditório ao ar livre, encravado na pedra. As opiniões — técnicas ou não — eram adversas: as pessoas diziam que o clima de Curitiba era muito instável, que a temperatura

O QUE É SER URBANISTA [OU ARQUITETO DE CIDADES]

média recomendava um espaço fechado, com cobertura. Pois que seja, fizemos um auditório ao ar livre e outro menor, fechado.

O espaço maior virou o auditório Pedreira Paulo Leminski, no início de 1990. Em março de 1993, quando Curitiba completou 300 anos de fundação, um show do tenor José Carreras atraiu mais de 80 mil pessoas, consolidando a pedreira como o local para grandes eventos ao ar livre em Curitiba.

Mas a pedreira menor não perde em importância, pois ali instalamos um teatro coberto, sem desperdiçar a paisagem ao redor: o arquiteto Hitoshi Nakamura moldou, com talento, uma cascata de dez metros e um lago com carpas.

Para isso, o teatro teria que ser transparente e leve, como as maquetes das escolas de arquitetura. Eu rabisquei o primeiro desenho durante uma viagem de avião e, quando cheguei no escritório, recomendei aos arquitetos: "Eu quero uma ópera leve, uma ópera de arame." Assim foi feito, usando-se uma estrutura tubular e teto de policarbonato transparente, dispensando o clausuro das paredes laterais. O projeto do edifício, redondo e com capacidade para 2.000 espectadores, foi feito pelo arquiteto Domingos Bongestabs.

Mas a inauguração foi ainda mais memorável. A cidade estava se preparando para receber o Festival de Teatro de Curitiba, que deveria acontecer nos auditórios do Teatro Guaíra, do governo do estado. Houve um desacordo entre o patrocinador e a administração do Guaíra, principalmente com o governador, que decidiu vetar a realização do evento em suas dependências. Nós fomos consultados sobre a possibilidade de a Prefeitura receber a programação do festival, e aceitamos o desafio. Começamos a obra no dia 15 de janeiro de 1992, e dois meses depois, em março, a Ópera de Arame estava pronta para receber a cerimônia de abertura do primeiro Festival de Teatro de Curitiba, que já está na décima nona edição, sempre com a abertura no mesmo local.

Oficialmente, porém, a Ópera foi inaugurada com *Sonhos de uma noite de verão* (de Shakespeare), dirigida e recriada por Cacá Rosset, que quando olhou para cima e percebeu a noite estrelada, pediu que retirassem o cenário do palco. Os vaga-lumes entravam e circulavam pelo teatro durante a apresentação da peça. Mais tarde, a estrutura foi revestida de vidro e o palco foi redimensionado, mas, no início, era apenas uma extensão da natureza. Eu sempre digo: quem tem estrela não pode temer a chuva.

Aliás, mesmo quando a chuva apareceu, trazendo as inconveniências de costume, soubemos tirar uma lição disso. Certa vez, durante uma apresentação de Regina Duarte, a chuva caía forte, inclusive na atriz e em parte da plateia, porque ventava muito. O barulho da água batendo nas estruturas era ensurdecedor. Mas Regina continuou seu trabalho no palco, compenetrada. Foi uma cena tocante. Anos depois, quando me encontrei com ela no Rio, eu disse: "Olha, você não imagina como seu profissionalismo e seu talento nos sensibilizaram. Nós lhe somos gratos até hoje." Depois da lição daquela noite com Regina Duarte, conseguimos aperfeiçoar as estruturas do teatro e consertar algumas goteiras. Não todas, pois conforme o dito popular: goteira você não resolve, se acostuma.

...um paiol de pólvora

Outra bela intervenção realizada em Curitiba, essa ainda na década de 1970, foi o teatro que construímos a partir de um

O QUE É SER URBANISTA [OU ARQUITETO DE CIDADES]

paiol de pólvora abandonado, cuja estrutura era de 1874. Tudo aconteceu em circunstâncias nas quais a criação desempenharia um papel importante. O paiol foi transformado num teatro de arena com 225 lugares, segundo o projeto assinado pelo arquiteto Abraão Assad. Como prefeito, pude dar prioridade à obra, pois sabia da importância que ela teria para a vida cultural da cidade.

Quando o Teatro Paiol estava quase pronto, liguei para Vinicius de Moraes, convidando-o para a inauguração: "Quantas vezes se inaugura um teatro no Brasil? Eu quero que você venha inaugurar o nosso." Vieram ele, Toquinho, o Trio Mocotó e Marília Medalha, e ficaram vários dias na cidade. Eu até acabei parceiro de Vinicius, numa noite na casa do jornalista e crítico musical Aramis Millarch, onde houve um processo de criação coletiva e uma grande bebedeira.

Anos depois, minha filha comprou uma coletânea do Vinicius e encontrou entre as letras no fim do livro, na categoria "Pequenas parcerias e traições", a canção "Paiol de Pólvora". Estavam creditados como autores Vinicius de Moraes, o baixista Azeitona e Jaime Lerner, para meu orgulho.

O Paiol foi e ainda é um marco cultural de Curitiba. Ali já se apresentaram, além de Vinicius e Toquinho, Nara Leão, Elis Regina, Francis Hime, Olívia Byington, Gilberto Gil, Paulinho da Viola, Caetano Veloso, Hermeto Pascoal, Fagner e Rita Lee, entre outros.

Uma noite, durante um show de Elis Regina, um trem passou nas cercanias e apitou durante uma canção que ela interpretava. Sem se perturbar, Elis fez um dueto com o apito do trem, numa cena inesquecível.

Na época, o teatro também foi muito importante para os músicos locais, que criaram, junto com o poeta Paulo Leminski, o Movimento de Atuação Paiol, que eles chamavam de Mapa.

Outro evento famoso, criado pelo publicitário Sérgio Mercer, foi o Parcerias Impossíveis, sempre trazendo as duplas mais inusitadas, numa combinação estimulante para shows e debates.

Uma dupla inesquecível foi a de Sérgio Ricardo e Ziraldo, que trocaram de funções: o Ziraldo entrou cantando e o Sérgio, desenhando. Outra dupla de sucesso, porém previsível, foi a de Jorge Mautner e Caetano Veloso — ainda que ambos fossem imprevisíveis.

Além da importância cultural, os debates ganharam repercussão nacional, pois ainda trafegávamos pelo processo de abertura política e qualquer evento público era uma oportunidade para exercitar a liberdade de expressão. Resta dizer que por ali passaram, ainda que em ocasiões diferentes, o então sindicalista Luiz Inácio Lula da Silva e o professor Fernando Henrique Cardoso.

...o lixo que não é lixo

Em qualquer lugar do Brasil, quando você vir uma pessoa com um pedaço de papel na mão procurando a cesta de lixo reciclável para jogá-lo, há uma grande possibilidade de que esta pessoa seja curitibana. A limpeza de Curitiba certamente é uma das marcas da cidade. Porém, mais significativo de que isso é a consciência que a população tem da importância de se separar o lixo reciclável do orgânico.

Hoje, 70% da população separa o lixo em casa, transformando cada residência numa pequena usina. Foi a forma que encontramos para evitar o gasto desnecessário com a tradi-

O QUE É SER URBANISTA [OU ARQUITETO DE CIDADES]

cional separação feita em usinas. No modelo convencional, o caminhão coleta o lixo misturado, faz a compactação, e depois tudo tem que ser separado novamente nas usinas de reciclagem. Além do custo elevado, há o problema da contaminação do lixo reciclável ao ser misturado com o orgânico.

Em 1989, lançamos o programa Lixo que não é Lixo, com coleta separada do lixo reciclável. Foi realizada uma grande campanha de conscientização na cidade, principalmente com as crianças nas escolas, durante alguns meses. Depois as crianças ensinaram aos pais, e todos começaram a fazer a separação em suas casas.

O programa tem sido um sucesso, reconhecido pela ONU com o prêmio máximo das Nações Unidas para o Meio Ambiente, em 1990. Há mais de 20 anos o programa Lixo que não é Lixo é referência no mundo inteiro.

A cidade

...a cidade do futuro

Costumo dizer que a cidade do futuro não vai ter um cenário de ficção científica tipo Flash Gordon, como pensam os mais otimistas, nem uma paisagem desoladora estilo "Blade Runner", como imaginam os pessimistas. Na verdade, arrisco-me a dizer que a cidade do futuro não será muito diferente da de hoje, pelo menos no aspecto físico, assim como a cidade atual não é muito diferente da cidade de 200 ou 300 anos atrás. Como diz uma poesia de Raquel Jardim, "o futuro está logo ali, basta atravessar a rua. O que pesa na vida da gente é o passado".

A grande revolução será a diminuição progressiva da escala dos geradores de emprego. As indústrias estão se decompondo, os serviços estão cada vez mais segmentados. Essa tendência vai permitir que você possa trabalhar perto de casa ou no próprio local de moradia. É claro que ainda vão existir as refinarias petroquímicas, os grandes conglomerados, mas a tendência é a diminuição de escala. Muitos complexos empresariais serão fragmentados, e cada vez mais a cidade será uma estrutura de vida e trabalho juntos.

Antigamente se dizia: "Eu vou até a cidade." Hoje, não se sabe mais onde fica a cidade, pois existem várias cidades dentro de uma só. Assim, para muita gente, morar na cidade significa viver fora dela. Poucos percebem que muitas cidades estão se transformando em guetos de ricos, isolados dos guetos dos pobres.

A grande preocupação urbanística atual é tentar promover o retorno daquilo que as cidades tinham de bom. Para isso, é fundamental que se advogue proximidade de moradias com locais de trabalho. Não podemos mais separar essas funções, sob pena de desperdiçar energia e tempo em deslocamentos improdutivos. Em cidades e países onde as funções moradia e trabalho estão separadas acontece o desastre urbano, que abre espaço para os oportunistas de plantão.

Cada um procura vender o seu sistema de transporte, mas, muitas vezes, são soluções equivocadas. Todos querem fazer metrô para parecerem modernos. Poucos consideram as soluções simples, como o transporte urbano eficiente pela superfície, como o de Curitiba. Não sou contra o metrô, mas seu custo e o tempo de implantação o tornam inviável para a maioria das cidades. Todos os sistemas são bons, mas o melhor sistema é aquele que integra todos.

Estou convencido de que o sistema do futuro vai integrar todos os meios de transporte — inclusive automóveis, táxis, bicicletas — sempre fazendo uso da superfície. Quando falamos em circulação, estamos falando de automóveis, veículos. Eu prefiro o termo "mobilidade", invertendo a equação ao considerar, cada vez mais, espaços exclusivos para pedestres e para o transporte coletivo.

O cidadão vai ter que conciliar todos os sistemas para sair de casa e chegar onde quer ir. Isso significa que os sistemas não podem competir no mesmo espaço. Esse foi o conceito aplicado em Curitiba. O ônibus expresso, lançado em 1974, trafega por uma pista exclusiva e gasta hoje menos tempo de viagem do que gastava 30 anos atrás. É a frequência que confere credibilidade ao sistema.

O QUE É SER URBANISTA [OU ARQUITETO DE CIDADES]

O exemplo está ao lado da minha casa, onde existe um ponto em que a frequência do ônibus nos horários de pico é de, no máximo, um minuto. Às vezes, não se espera mais do que trinta segundos pelo ônibus. E posso garantir que um metrô custa cem vezes mais caro do que esse sistema. Não é um absurdo quando vemos, numa grande cidade, dezenas de ônibus — muitas vezes com apenas cinco ou dez passageiros cada — engarrafados entre centenas de automóveis?

A solução é um bom sistema de superfície, totalmente integrado. Venho defendendo essa tese em encontros urbanísticos pelo mundo e, felizmente, tenho constatado que muitos especialistas estão chegando à mesma conclusão. E até aqueles que ainda não se convenceram da eficiência do sistema de superfície concordam em pelo menos um ponto: não há recursos disponíveis no mundo para fazer redes completas de metrô enterrado ou elevado. São caras e levam muito tempo para serem construídas.

Mesmo para os mais comodistas, que exigem um transporte porta a porta, tenho uma solução a propor: um sistema em que o usuário pode pegar um táxi na frente de casa que vai deixá-lo no ponto mais próximo do ônibus ou do metrô de superfície, mas um táxi integrado ao sistema, inclusive na forma de pagamento.

Eu e minha equipe estamos trabalhando nesse projeto. Acreditamos que a adoção desse conceito pode melhorar bastante a vida nas cidades. O primeiro desafio para a execução desse projeto é conquistar o passageiro, convencê-lo de que a melhor solução é o transporte coletivo, e não o individual. O ônibus representa apenas 6% da poluição do ar de uma cidade. Os automóveis são responsáveis por mais de 90% dessa poluição. Além disso, é muito mais prática a fiscalização das frotas de ônibus para garantir que seus motores sejam compatíveis com as normas de preservação ambiental.

Por falar em motores, há uma constatação importante: nós não temos ainda o automóvel do futuro. Em recente exposição no Museu de Arte Moderna de Nova York (Moma), foram apresentadas algumas ideias de como serão os carros do futuro. Constatou-se que os carros considerados avançados no design, não eram avançados na engenharia do motor e vice-versa. Também ficou evidente uma tendência de diminuição do tamanho dos veículos, o que os torna adequados para as cidades, mas pouco compatíveis com rodovias cheias de caminhões.

Pode parecer uma cena de desenho animado, mas imagino que um carro estilo "canguru" seria o único a permitir boa performance tanto na estrada quanto na cidade. Seria um carro normal, bom para as rodovias, que trouxesse em seu porta-malas, ou acoplado a ele, um minicarro para se usar na cidade, de preferência um carrinho elétrico. Um triciclo, quem sabe? Acredito também que as bicicletas leves e desmontáveis terão papel importante no futuro da mobilidade urbana. Essa realidade não está muito longe. Talvez eu esteja delirando, mas de uma coisa estou certo: o carro urbano será cada vez menor e de uso compartilhado, a exemplo do Velib, de Paris. Mas "dockado" a energia elétrica. Esse também é um assunto que faz parte dos estudos de minha equipe há muito tempo, e gerou o Dock Dock.

...a cidade informal

Não se pode planejar uma cidade pensando apenas no aspecto formal e nas questões legais. Muitos equívocos acontecem quando não se considera o aspecto informal de uma

O QUE É SER URBANISTA [OU ARQUITETO DE CIDADES]

cidade. As projeções da "cidade do futuro" devem considerar que cada vez mais pessoas moram em áreas ocupadas ilegalmente e, em muitos casos, de modo definitivo. Além do aumento do número de invasões de terrenos, também cresce a presença de ambulantes congestionando as ruas do centro.

Isso torna imperativo que a cidade seja um cenário importante de trocas entre os setores informal e formal. Há uma convivência possível entre eles, como já nos mostram as feiras livres. As bancas de jornais que funcionam 24 horas são sempre bem recebidas pela população. O vendedor de vassouras que bate à sua porta também desempenha um trabalho importante.

E a pobreza? As regiões marginalizadas, as favelas? Como resolver? Costumo dizer que quando uma cidade tem autoestima, a sua segurança é melhor. Quando a cidade tem mais trocas entre os diversos níveis de renda, ela é menos violenta. Não pode haver guetos de gente rica e de gente pobre. As pessoas iludem-se quando se isolam em condomínios exclusivos, fechados, pensando comprar segurança. Por mais protegido que seja um condomínio, sempre pode haver um assaltante à espreita do lado de fora, pronto a atacar na chegada ou na saída de um morador. A melhor forma de segurança é conhecer seu vizinho. Em nossos projetos de habitação, sempre optamos por permitir a mistura de moradores com diferentes níveis de renda. Um dos bens intangíveis de Curitiba é a vizinhança diversificada.

Uma coisa é certa: a cidade do futuro não pode conviver com a miséria do presente, sob pena de continuar sendo uma cidade do passado. Melhorar a vida dos moradores de baixa renda é uma das alternativas, mas não a solução definitiva. Também é preciso levar qualidade de vida às favelas cuja remoção é impossível. Para isso, os governos devem trabalhar na infraestrutura das favelas.

Muitas vezes a arquitetura caótica das favelas pode ser aproveitada, como, por exemplo, utilizando-se o corrimão das escadarias para levar água e energia morro acima. É uma solução prática para uma operação necessária: levar água e luz às casas sem mexer no terreno. E o esgoto? Podemos aproveitar as mesmas canaletas das escadarias para improvisar um encanamento. São ideias novas? Não, mas precisam ser organizadas pelas prefeituras e pelos governantes, para que sejam acompanhadas tecnicamente.

Um dos maiores problemas das favelas é o lixo, devido às dificuldades de acesso por causa do terreno ou mesmo da violência. Mas a coleta pode ser feita se os moradores forem incentivados a levar o lixo até o caminhão, trocando-o por vales-transporte ou mercadorias. Em Curitiba, esse serviço funciona há anos. Essa solução acaba com o mau cheiro e a sujeira, e também pode evitar desmoronamentos que costumam ocorrer quando o lixo desce com as chuvas. E não é uma postura paternalista, pois mesmo na coleta convencional haveria uma despesa, talvez até maior se tivesse que ser feita de casa em casa.

Outra proposta é a Zona Franca das favelas. Poderíamos isentar de parcelas de impostos as pessoas que gerassem empregos na favela. O morador da favela não pode ter como única alternativa o comércio das drogas ou a prostituição. Temos que oferecer oportunidades, estimular e criar novas perspectivas de vida para essas pessoas, para que elas não tenham que ceder à marginalidade.

É importante deixar claro que qualquer melhoria que se faz em uma favela traz benefícios para toda a cidade. Nas

O QUE É SER URBANISTA [OU ARQUITETO DE CIDADES]

favelas estão os bolsões de pobreza, onde vivem pessoas que estão vulneráveis às tentações da marginalidade, às doenças, à desnutrição, ao desemprego. Por isso, é imprescindível que tenham melhores condições de higiene, saúde, emprego e educação, para que possam levar uma vida digna e participar do desenvolvimento da cidade.

Digo isso porque um ponto importante para governantes e planejadores de cidades é saber diferenciar uma obra que se destina a uma grande parcela da população de outra que beneficia apenas um pequeno grupo. Muitas vezes existe um forte encantamento numa solução que beneficia poucas pessoas em detrimento de outra solução que, mesmo sem qualquer charme ou apelo atrativo, poderia ajudar uma parcela bem maior da população.

Existem obras importantes e outras fundamentais. Um exemplo disso é o trabalho que a doutora Zilda Arns sempre desenvolveu na área social, que tem um valor estratégico em grande escala, para atender a populações. Trata-se, portanto, de uma obra fundamental, capaz de atenuar a pressão social nas grandes cidades e no campo. Minha mulher, Fani, que trabalhava há décadas com crianças, também iniciou belos projetos, como o Da Rua para a Escola, tirando milhares de crianças das ruas.

Também existem obras fundamentais não por sua grandiosidade, mas por seu valor para a comunidade. Na verdade, a cidade do futuro vai ser um símbolo de solidariedade e identidade. Temos que fazer uma programação cultural para ativar a memória da comunidade, dar grandeza aos valores das pessoas. Nem sempre são obras importantes para o patrimônio histórico ou coisa assim: às vezes é uma edificação que é referência para a cidade, uma árvore centenária, uma

JAIME LERNER

antiga fábrica, até um velho armazém, elementos fundamentais na formação de uma identidade.

Vejam o exemplo das gares no Rio de Janeiro, a estação primeira da Mangueira, Madureira... As escolas de samba fazem uso desta herança da Central do Brasil quando trabalham com a cadência bonita do samba. Temos que estimular o amor do morador pelos cantos do seu bairro, uma ladeira, uma quebrada. Essas coisas precisam ser cantadas e louvadas, como a Avenida São João, em São Paulo, e o Pelourinho, em Salvador.

Cabe aos administradores estimular sempre o amor e o respeito dos moradores por sua cidade. A campanha de melhor alcance público para essa questão é a que motiva as crianças a conhecerem suas cidades, os bairros e os rios que passam perto de suas casas.

...resgate da autoestima

Não é raro encontrar pessoas afirmando que a principal realização curitibana nessas últimas décadas foi o resgate da autoestima de sua população. Eu concordo. Sempre oferecemos à população as melhores soluções e os melhores serviços. Quanto mais pobre a vizinhança à qual se destinava uma obra, uma creche, uma escola, melhores eram os materiais usados nessa obra. Como consequência, as pessoas passaram a se sentir respeitadas.

Quem pode avaliar o impacto da regularidade do horário do ônibus na vida e no cotidiano da massa trabalhadora? E na autoestima da população? Você oferece um meio de transporte digno, com boa frequência, mais conveniente do que o automóvel, sem falar no preço. Isso é qualidade de vida.

O QUE É SER URBANISTA [OU ARQUITETO DE CIDADES]

Uma visita aos parques (existem dezenas deles) ao redor da cidade pode evidenciar o nosso cuidado com as áreas verdes — temos índices de preservação acima dos sugeridos pela ONU. Na década de 1970, Curitiba tinha meio metro quadrado de área verde por habitante, hoje são 52 metros quadrados; sendo que a população da cidade triplicou nesse período.

Não se trata de propaganda política — são trabalhos técnicos de urbanismo. Especialistas de várias nacionalidades, técnicos e políticos, concordam e divulgam nossas conquistas em livros e revistas. Essas conquistas são um diferencial que faz de Curitiba uma cidade de hoje, com soluções que, em outros lugares, talvez surjam apenas no futuro.

Depois de ter sido, recentemente, governador do Paraná por dois mandatos, posso garantir que ainda sou mais conhecido como prefeito de Curitiba. Aliás, arrisco dizer que Curitiba é uma das coisas mais conhecidas do Brasil em outros países. Até hoje, técnicos do mundo inteiro querem saber como trabalhamos para conseguir certas conquistas.

O estado

...presente na vida das cidades

Governar um estado como o Paraná é como ser prefeito de 399 cidades ao mesmo tempo. Pelo menos foi com essa motivação que procurei administrar o estado, sempre presente na vida das cidades. Assim, conduzimos um programa pioneiro para dar a todos os municípios a possibilidade de obter recursos para a execução de obras importantes.

O programa Paraná Urbano permitiu aos municípios paranaenses acesso a recursos internacionais para investimentos nas cidades. O programa foi financiado pelo Banco Interamericano de Desenvolvimento (BID). Foi o primeiro fundo brasileiro destinado exclusivamente à melhoria da qualidade de vida nas cidades. O governo estadual disponibilizou assessoria técnica e aval financeiro para que os pequenos municípios tivessem acesso a empréstimos internacionais a juros mais baixos. O gerenciamento foi feito em parceria com as associações de municípios. Na sua primeira fase, executada de setembro de 1996 a abril de 2001, o Paraná Urbano beneficiou 390 municípios, com aplicação de R$ 1 bilhão (US$ 426 milhões) em obras de infraestrutura urbana e social — construção de escolas, creches e postos de saúde, pavimentação de ruas, iluminação, saneamento, galerias pluviais, barracões industriais, projetos de modernização das prefeituras e aquisição de máquinas e equipamentos públicos. Foram 3.800 obras.

O programa é considerado um dos maiores do mundo para assistência a municípios e foi indicado pelo BID como modelo no Brasil e no exterior. Além de todo o leque de obras realizadas na primeira fase, na segunda etapa o Paraná Urbano também destinou recursos para projetos da área cultural, com obras de recuperação de centros e patrimônios históricos para uso artístico, cultural e de lazer.

...viagem mágica pelo conhecimento

Entre as várias realizações no governo do Paraná, há algumas de que tenho orgulho especial. Em meu segundo mandato (1995-2002), construímos uma estação de captação e tratamento de água de extrema importância para Curitiba e para o litoral do Paraná. Ao lado da represa do Iraí, entretanto, ficava o Parque Castello Branco, local tradicionalmente usado para feiras agrícolas, um espaço de 80 hectares com cerca de 35 mil metros quadrados de área construída. Com a proibição das feiras por questões técnicas que envolviam poluição da água da represa, aquele imenso terreno e seus galpões ficaram sem uso.

Foi aí que surgiu o projeto do Parque da Ciência, um local onde crianças e adultos pudessem fazer uma viagem mágica pelo conhecimento científico e tecnológico. Assim, foram selecionados quatro temas básicos: água, energia, meio ambiente e cidades. Instalamos também os módulos de atrações: o planetário (incluindo o entendimento dos índios sobre as constelações) e uma maquete do estado do Paraná, em grandes dimensões, que permitia às crianças andar pelas regiões e grandes cidades. Os visitantes podiam caminhar sobre a maquete, cujo tamanho real era de 10.000 metros quadrados — e nela reproduzimos os principais pontos de atração do estado: as Cataratas do Iguaçu, o litoral com suas praias, as serras, os canyons, os rios, os vales, a capital... Aqui se planta soja, ali se planta café etc... Era um passeio de duas horas por todo o Paraná, que as crianças adoravam fazer.

Em alguns setores do Parque, onde deveria haver comunicação com o público, as instruções eram transmitidas por elementos de um circo, o que ajudava a diminuir a burocracia didática. Conceitos sobre equilíbrio ou força de gravidade, por exemplo, eram transmitidos por malabaristas.

Este projeto infelizmente foi abandonado pelo governo que sucedeu ao meu.

...universidade do professor

A Universidade do Professor foi um dos projetos mais importantes de minhas gestões como governador do Paraná. Precisávamos melhorar a qualidade do ensino no estado, mas de uma forma impactante e abrangente, que pudesse atingir quase a totalidade dos 120 mil professores da rede pública.

A ideia me ocorreu quando visitava uma vila em Faxinal do Céu, que tinha servido de moradia para as pessoas que haviam trabalhado na construção da usina hidrelétrica de Foz do Areia. A vila, que estava ociosa, tinha uma infraestrutura para servir de hospedagem, precisando apenas de algumas melhorias, como um grande teatro. Com um investimento baixo, e aproveitando os "restos" de outra obra, instalamos em Faxinal a Universidade do Professor, com capacidade para se trabalhar em grande escala, com até mil pessoas de cada vez.

Elaboramos um calendário que primou pela excelência dos convidados, brasileiros e estrangeiros, notadamente músicos, orquestras, intelectuais e filósofos, que trabalhavam com os professores em grandes seminários intensivos. Passaram por ali profissionais como Zuenir Ventura, Fernanda Montenegro, Villas-Boas Corrêa, Ziraldo, entre outros. A Universidade tinha uma orquestra residente, bem como biblioteca, auditórios e até um circo para atividades de recreação. Além do conhecimento, os professores tiveram ali oportunidades de convivência e troca de informações com colegas de profissão de outras regiões.

O resultado foi espetacular. Durante os quatro anos de funcionamento da Universidade do Professor, foram realizados 500 seminários, capacitando mais de 100 mil professores. Os professores chegavam em ônibus de vários lugares do estado e ficavam hospedados nas casas do campus. Em 2002, abrigamos o programa O Esporte na Escola, em parceria com o governo federal, capacitando milhares de professores de educação física de todo o Brasil. Hoje, oito anos depois da nossa saída do governo, a Universidade do Professor só existe como local de eventos.

...professor Jaime

O projeto da Universidade do Professor foi fruto de uma grande paixão que tenho por esta profissão. Apesar de ter recusado o convite para lecionar na UFPR em 1962, o que talvez me levasse a optar por esta profissão, mais tarde tive algumas oportunidades de dar aulas e achei a experiência muito cativante. Nunca pude me dedicar totalmente à carreira acadêmica, não fiz mestrado ou doutorado, porque minha atividade profissional foi sempre muito intensa.

O QUE É SER URBANISTA [OU ARQUITETO DE CIDADES]

Uma experiência muito interessante ocorreu em 1968, quando os alunos da Universidade de Brasília expulsaram os professores das salas durante a crise universitária. A universidade e os alunos optaram por convidar profissionais autônomos como professores para não prejudicar o ano letivo. Foram formadas três equipes: uma mineira, uma gaúcha e uma do Paraná. Eu estava na equipe paranaense. Foi um período muito fértil, de muita produção, quando passaram pelas minhas mãos cerca de 800 projetos — e ainda hoje sou capaz de me lembrar de muitos deles. Eu me sentava à prancheta com os estudantes e nela ficava o dia inteiro — manhã, tarde e noite —, pois tínhamos que recuperar o tempo perdido. Os engenheiros de estruturas estavam sempre junto, para dar encaminhamento rápido aos projetos. Os alunos sentiam-se como se fossem profissionais.

Quando fui trabalhar como professor convidado em Berkeley, em 1978, tive outro período de bom aprendizado. Eram aulas para uma turma de doutorado, gente com alguma experiência na profissão. Quando expliquei aos professores presentes que me faltava no currículo o título de mestre, eles responderam: "É exatamente o que queremos: sua experiência."

O ambiente em Berkeley era muito sofisticado e eu tinha alguma dificuldade com o idioma, razão pela qual decidi utilizar *slides*, ilustrações e fotos que me pudessem ajudar na explanação. Os alunos reclamaram: "Você tem uma história maravilhosa para contar. Conte-nos a sua história." Eu perdi a inibição e comecei e falar de minhas ideias e das coisas que havíamos realizado em Curitiba. Acho que saímos ganhando, os alunos e eu.

Durante esse período na Califórnia, eu levava quase uma hora para ir de Berkeley a São Francisco usando o sistema do metrô. Havia muitos *transfers* (conexões) no meio do caminho. Um dia eu descobri uma linha de ônibus que fazia o trajeto em 20 minutos, com a vantagem de poder viajar olhando a paisagem. Tudo depende de como você opera os sistemas, eu pensava.

Em 1987, voltei a Berkeley para ministrar um novo curso, com duração de um mês. Fazia parte das atribuições do conferencista ficar disponível para conversas informais com os alunos. Certo dia, fui procurado pelo então candidato a prefeito de São Francisco, Art Agnos, que desejava conhecer minhas ideias sobre a cidade. Nossa conversa foi tão interessante que escrevi um texto com propostas para São Francisco e mandei de presente para ele. Eu considerava que tinha vivido o suficiente na cidade para conhecer alguns problemas e as soluções. Depois perdi o contato com Agnos, mas, como resultado histórico, fica registrado: o homem foi eleito, e essa seria a minha primeira eleição vitoriosa na vida, já que tinha sido prefeito nomeado por duas vezes. Não sei se o prefeito Agnos chegou a usar alguma das minhas ideias, mas sempre encarei essa pequena participação na eleição dele como "a minha primeira vitória nas urnas".

Trabalhar com pessoas, sejam alunos ou mestres, significa abrir vários níveis de relacionamentos, que acabam nos ajudando no desenvolvimento de outras sensibilidades. Certa vez, durante uma conversa com alunos, pude sentir neles uma certa frustração, um certo desalento. Durante o curso, muitos queriam mudar de profissão, fazer sociologia, economia, qualquer outra faculdade. Percebi também que era a insegurança que os deixava sem motivação. Eles não entendiam com clareza o papel do arquiteto. Eu dizia: "O arquiteto é um profissional da proposta e não do diagnóstico." Eu chamava a atenção para a beleza da profissão, que nos permite fazer "antes" com o desenho. É claro que uma concepção pode ser mudada e adaptada de acordo com os projetos. Mas você, de qualquer maneira, concebeu "antes".

Minha mais recente experiência como professor foi um curso em Lisboa para uma equipe interdisciplinar. No primeiro dia, propus uma "acupuntura urbana" para a cidade, estimulando os alunos a apresentar suas ideias. Eles trouxeram as propostas e havia muita coincidência de temas e pensamentos, revelando que as pessoas, no fundo, têm um raciocínio similar em relação à cidade, o que falta são oportunidades para expor e realizar as ideias. Podemos dizer que muitos arquitetos têm a mesma sensibilidade em relação à cidade. Essa tendência deve ser considerada.

...o mestre de obras

Também tive grandes professores em minha vida pessoal e profissional, e faltaria espaço aqui para falar de todos eles. Para homenagear todos os mestres, conto aqui a história de um deles, um homem bastante simples, que me ensinou muito em apenas uma lição.

O homem chamava-se Gildo Flor. Foi o mestre de obras na construção da minha primeira casa. Um dia, mostrei a ele o desenho de como planejava construir uma lareira e ponderei que a obra tinha uma certa complicação. Perguntei a Gildo, um italiano enorme, se ele seria capaz de fazer o serviço. Ele garantiu que sim. Dias depois, a lareira estava pronta e sem defeitos. Gildo explicou: "Doutor Jaime, existem mestres que sabem fazer e mestres que não sabem fazer, que apenas justificam por que não fazem. São especialistas em justificar. Eu sou mestre que sabe fazer." Nunca esqueci esse ensinamento.

Recentemente, mais de trinta anos depois, ao reunir-me com um grupo de turistas de terceira idade que se preparava para uma viagem de trem pela Serra do Mar, reconheci um dos passageiros:

— Como vai, Gildo Flor?

— Como sabe meu nome? — ele perguntou, surpreso ao ser cumprimentado pelo governador do estado.

Expliquei que lembrava não apenas do nome, mas do ensinamento daquele dia. Tratei de reavivar a memória dele e, no fim, isso foi algo emocionante. Um aprendizado que sempre me aproximou de todos os elementos de uma equipe, desde a concepção do projeto até a festa da cumeeira, incluindo pedreiros e mestre de obras.

Estruturas

...avançar quase até o inimaginável

Por meio dos projetos de Oscar Niemeyer, o grande mestre, o maior nome da arquitetura mundial nas últimas décadas, pude compreender a plasticidade do concreto. Ele oferecia ao concreto muitas possibilidades plásticas dentro de uma concepção, ou seja, não usava o concreto apenas como estrutura. Os limites para Niemeyer sempre estavam além, com suas formas insinuantes e poéticas.

Notáveis, também, as estruturas de grandes vãos surgidas dos cálculos do chinês T. Y. Lin, que conheci em Berkeley. Ele pode ser considerado um grande criador, e possibilitou, com soluções simples e práticas, que as estruturas avançassem quase até o inimaginável.

Nossa equipe em Curitiba sempre procurou ser essa vanguarda, oferecendo às grandes cidades uma "tecnologia para multidões". Somos consultados constantemente a respeito de uma questão básica: como tratar os problemas nas megacidades? Um trabalho que pretende responder a esta pergunta deve começar pela escolha da direção que o crescimento urbano deve seguir. Vários fatores estão envolvidos nessa decisão. Nesse caso, a escolha da tecnologia é fundamental. Em cidades pequenas não existe essa necessidade, mas em cidades onde se vive no limite, não se pode correr qualquer risco.

O avanço no setor dos materiais também pode ajudar nessas soluções. Hoje, por exemplo, as ligas metálicas são capazes de sustentar pesos extraordinários. Dentro em breve, materiais da espessura de um barbante vão poder sustentar toneladas. O livro dos recordes vai ser constantemente superado por estas marcas. Já é comum o computador ajudar na composição de formas e desenhos arrojados, mas não se deve abandonar o processo de criação autêntico do pensamento humano.

Os recursos humanos na arquitetura moderna, os centros de investigação, como o MIT e Harvard, podem ser considerados os dínamos destes avanços tecnológicos. Mas é bom lembrar que existem outras possibilidades e algumas surpresas em lugares menos óbvios, como São Paulo e Barcelona, ou até mesmo Curitiba, dependendo da solicitação da sociedade.

De modo geral, a arquitetura e o urbanismo estão passando por um período de retração desde que a maioria dos governos deixou de investir em obras. Essa é uma questão que parece ligada à autoestima das populações, e uma das razões do sufocamento nas grandes cidades, do pessimismo, é a falta de oportunidades de participação pública. Quando uma grande massa faz fila na porta do museu para ver uma exposição de Picasso ou do Aleijadinho, ela está sentindo orgulho daquilo que identifica como cultura. As pessoas gostam de participar. Como vamos quantificar o valor da expressão maravilhada de uma plateia diante da obra de arte? A arquitetura e o urbanismo estão intimamente ligados a isso, eles são instrumentos de geração de oportunidades nas cidades.

...o "poste-moderno"

Eu costumo tratar desse assunto com ironia, pedindo ao leitor para não confundir com escola de arte ou evento cultu-

Visita a Veneza, durante bolsa de estudos na França, 1962.

Noivado com Fani, 1962.

Jaime Lerner e Fani com Ilana, a filha mais nova do casal, 1973.

Obras da primeira gestão como prefeito de Curitiba, década de 1970.

Curso sobre a cidade para taxistas, 1974.

Recebendo o Colar de Ouro do Instituto de Arquitetos do Brasil (IAB), 1975.

Jaime Lerner com José Maria Gandolfi, Ciro Simão,
Roberto Burle Max e Gert Hatschbach, década de 1970.

Passeata da Campanha dos 12 dias para a prefeitura municipal de Curitiba, 1988.

Começo da campanha da "Compra do lixo"
— troca do lixo por vale-transporte —, 1989.

Instalação das primeiras Estações Tubo em Curitiba, 1991.

Abertura do Fórum Mundial de Cidades, Ópera de Arame, 1992.

Embarque de Estação Tubo para Nova York, 1992.

Com Jacques Cousteau na inauguração da
Universidade Livre do Meio Ambiente (Unilivre), Curitiba, 5/6/1992.

Inauguração da Universidade Livre do Meio Ambiente (Unilivre),
Curitiba, 5/6/1992.

Campanha para governador do estado do Paraná, 1994.

Jaime e Fani na posse como governador do estado do Paraná,
acompanhados por familiares: Sebastiaan Bremer,
Andréa Lerner Bremer, Cláudio e Ilana Hoffmann, 1995.

Jaime e Fani com quadro retratando a loja dos pais dele, 1995.

Recebendo o Prêmio Unicef Criança e Paz, pelos programas "Da rua para a escola", "Protegendo a vida" e "Universidade do professor", 1996.

Visita oficial do imperador japonês Akihito e da imperatriz Michiko, 1997.

Inauguração da Vila Rural nº 400, com representantes de todas as Vilas Rurais, Telêmaco Borba/PR, 1999.

Com Dalai Lama, 2000.

Recebendo o título de Doutor Honoris Causa,
Universidade Politécnica de Cracóvia, Polônia, 2000.

Obras do NovoMuseu, Curitiba, novembro de 2002.

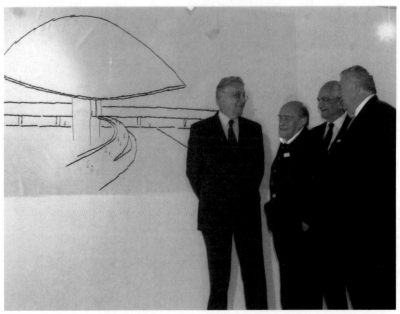
Com Fernando Henrique Cardoso, Oscar Niemeyer e Alex Beltrão inaugurando o NovoMuseu, 22/11/2002.

Em Foz do Iguaçu com Bill Clinton e Anthony Hopkins, 2002.

Presidente eleito da União Internacional dos Arquitetos (UIA),
XXI Congresso Mundial de Arquitetura, Berlim, 2002.

Desenhando com o neto Ben na Secretaria do Meio Ambiente, 2002.

Desenhando "Acupunturas Urbanas" no escritório da rua Bom Jesus, 2003.

Com Carlos Ceneviva em Seul, 2003.

Prêmio Volvo Environment, Suécia, 2004.

Jaime Lerner e Fani com os netos Ben e Liana, 2004.

Jaime Lerner apresenta o DockDock, 2009.

ral performático "pós-moderno". Falo de coisas práticas, tais como os postes de luz que se espalham ao longo de ruas e avenidas. Em Curitiba, uma análise nos parques e mesmo em outras obras do centro, vai revelar que na maioria das construções, o material básico usado são os postes de madeira reciclados — que estavam sendo substituídos na iluminação pública por postes de concreto.

Decidimos reaproveitar esses postes e até comprar grandes lotes de outras cidades do Brasil, ou seja, de diversas companhias de eletricidade. Havia uma disposição inicial de nossa parte, de ordem estética, para trabalhar com madeira. Depois, aliamos o interesse em reciclar os postes que estavam saindo de linha para evitar que virassem lenha na fogueira.

O resultado é notável em vários pontos da cidade, nos parques, nas bibliotecas Farol do Saber, na Universidade Livre do Meio Ambiente. Em todos esses lugares os postes de madeira aparecem com destaque, como uma marca de bom gosto.

Quanto ao movimento pós-moderno, foi uma colagem, uma arquitetura de moda que felizmente passou. A gente costumava se referir ao tema cunhando a expressão *"post-modern shit"*, pois não havia qualidade no modismo. O que acabou vingando mesmo, pelo menos em Curitiba, foi o "poste-moderno".

...ideia, utopia e ética

Um arquiteto ou um urbanista não podem ter medo das ideias e nem de expô-las. Eu mesmo, nesse momento, estou desenvolvendo uma ideia que pode parecer absurda: a melhor solução para o aeroporto é não ter aeroporto. Claro que não estou falando do fim das operações aéreas, mas sim do conceito que tradicionalmente se tem de aeroporto, que se transformaram em gigantescos shopping centers. Minha ideia parte do princípio de que devemos levar para o aeroporto somente o passageiro, com todos os procedimentos de embarque já realizados, e não a cidade inteira.

Existe alguma similaridade com o raciocínio do grande músico Rostropovich, considerado um gênio no seu instrumento, a quem perguntaram por que tocava *cello*. Ele respondeu: "Meu pai tocava *cello*. Ele sempre me dizia: você vai tocar *cello*. Eu toco *cello*. É simples."

Eu gosto da palavra utopia quando ela significa, sobretudo, algo realizado. Na medida em que um arquiteto pode idealizar, projetar e construir, existe uma utopia nesse processo, que é a base de tudo. A utopia é o cenário do desejável. Quando você formula o cenário do desejável, está comprometido com sua realização. Devemos correr atrás dos nossos sonhos. Algumas vezes, em situações de melhor sorte, o sonho me atropelou. Outras situações não se realizaram como eu esperava. Na maioria das vezes, entretanto, tive que trabalhar muito para conseguir fechar o ciclo. Esse é o valor da determinação.

Prefiro o compromisso com a ética e não com o dogma. A insegurança faz com que muitas pessoas se apeguem aos dogmas. É mais simples não pensar com a própria cabeça. E a ética exige uma entrega muito maior. O ato de criação é um estado espiritual. A falta de ética, dentro da minha profissão, surge quando se pretende copiar projetos, soluções e ideias de outros profissionais. Dependendo do autor da cópia, você pode até se sentir homenageado, mas, geralmente, trata-se de um ato de usurpação. Que o nosso trabalho tenha tal personalidade que influencie outros profissionais, tudo bem, mas, na maioria das vezes, a cópia é ruim e, em vez de orgulho, pode provocar irritação.

O mundo

...destrofagador de bertúgenes

No capítulo anterior falei do calculista T. Y. Lin, com quem tive o prazer de trabalhar em Xangai. Ele foi chamado para montar uma equipe destinada a dar consultoria ao governo chinês, promovendo discussões e exposições de ideias sobre o projeto da cidade nova, que deveria ser construída do outro lado do rio Pudong.

Os chineses queriam uma cidade de classe internacional, longe da tradição e dos costumes — que ficariam na cidade velha. Na equipe estava Allan Jacobs, especialista em design urbano, que me convidara para dar aulas em Berkeley pouco antes. Ele indicou meu nome para o Lin e, dias depois, estávamos em Xangai trabalhando. Levamos ideias para uma melhor mobilidade, uma vez que havia graves focos de congestionamento.

Decidimos construir uma ponte sobre o rio, e o projeto tinha ainda algumas especificações, evitando cruzamentos com outras vias nas duas extremidades. Aqui cabe um parêntese para contar um caso engraçado, sobre um amigo, grande contador de histórias, que inventou uma expressão esquisita, criada para perturbar a vida de calouros na faculdade. Era um aparelho fictício chamado Destrofagador de Bertúgenes. Era uma brincadeira recorrente entre nós: o que faz um destrofagador? Apenas destrofaga.

Um belo dia, durante trabalhos na prancheta para a ponte de Xangai, que foram desenvolvidos no nosso escritório em Curitiba, procurávamos um nome para um determinado ponto do projeto. Na falta de uma solução definitiva, escrevi no desenho: Destrofagador de Bertúgenes.

Semanas depois, quando eu estava apresentando o projeto em Xangai para os técnicos da cidade, no desenho que aparecia na tela podia-se ler: Destrofagador de Bertúgenes. Os chineses olhavam com atenção, tiravam os óculos, colocavam, e tentavam soletrar: des-tro-fa-ga-dor de ber-tú-ge-nes...

No fim, por outros motivos, eles optaram por entregar o espaço da nova Xangai à especulação imobiliária, sem dar importância a outros critérios.

...uma proposta para o Port Authority, de Nova York

A projeção de Curitiba no cenário internacional sempre despertou interesse de outras cidades em conhecer nosso trabalho, copiá-lo e, muitas vezes, contratá-lo. Assim, diversas vezes tivemos experiências interessantes ao aplicar nossas ideias em diferentes países.

Alguns anos atrás, nossa equipe trabalhou numa proposta para o Port Authority, de Nova York, que envolvia uma operação para transporte de cargas. Eu tinha recebido uma correspondência deles, durante um encontro no Rio, perguntando se tínhamos alguma experiência em transporte de mercadorias por *ferry* — os tradicionais barcos de travessia. Eles estavam planejando criar vários setores industriais no Brooklyn, num local chamado Bay Army Therminal, cuja utilização remontava aos anos da Segunda Guerra. Agora, o espaço estava sendo ocupado por indústrias gráficas.

O QUE É SER URBANISTA [OU ARQUITETO DE CIDADES]

Mesmo não tendo experiência neste tipo de transporte, pedimos a eles os dados disponíveis e começamos a trabalhar no assunto. Percebemos então que havia uma possibilidade espantosa de soluções. A melhor delas eram linhas do metrô que não funcionavam à noite, e que poderiam transportar o material impresso em seus vagões nesse horário. Algumas linhas saíam do Bay Army Therminal e chegavam ao centro de Manhattan.

Apresentei a ideia numa reunião com os técnicos americanos, em Nova York, e as opiniões dividiram-se: uma parte adorou a ideia, mas a outra considerou que teriam sérios problemas com os sindicatos, as Unions, que regem as normas trabalhistas na América. Nossa ideia acabou não sendo aprovada. Uns dois anos depois, eu estava lendo um livro sobre Londres durante a guerra, e nele descobri que o metrô era utilizado para transporte de mercadorias durante as madrugadas. Apesar da nossa boa vontade e da empolgação com a ideia para Nova York, não estávamos nem mesmo sendo originais.

...a mi, me gusta la jardinera

Em Porto Rico, num projeto de transporte para a capital, San Juan, tive a missão de fazer a apresentação do plano para o secretário de Transportes e duas outras autoridades, incluindo uma senadora. O projeto previa, secundariamente, uma linha de turismo como a que temos em Curitiba, operada por um ônibus aberto o qual chamamos de jardineira. É uma linha importante, bem simpática, mas apenas um adereço se comparada aos demais itens que formam o sistema integrado de transporte urbano da cidade. Durante a reunião, quando eu falava sobre modernos sistemas de transporte, analisando todos os aspectos da questão, o secretário, que estava quase dormindo, acordou subitamente e disse:

— *Pues a mi, me gusta la jardinera.*

Depois disso, em outro momento, o governador resolveu fazer uma apresentação do resultado final do projeto para a imprensa. O auditório estava lotado e havia muitos jornalistas na ocasião em que apresentamos a proposta de trabalho nos mínimos detalhes. O governador gostou muito e aprovou o projeto ali mesmo, em público, para em seguida perguntar a opinião do secretário de Transportes, que disse, hesitante:

— *Bueno, tenemos que hacer unas pesquisas... verificar esto...*

O governador ficou impaciente:

— *¿Mas quando vamos a hacer esto, secretario?*

— *Bueno, tenemos que iniciar um dignóstico e...*

O governador foi ficando mais irritado:

— *¿Señor secretario, pero cuando vamos a hacer esto?...*

O ambiente estava ficando tenso, fiquei constrangido e com vontade de sair da sala. De repente, depois de ouvir uma nova evasiva do secretário, o governador deu uma porrada na mesa, encerrando o assunto extremamente contrariado:

— *¿Pero cuaaaaaando?*

Hoje relembro essa cena com bom humor, mas o fato é que ela serve para mostrar como a burocracia é irritante. Uma experiência em Cuba, em 1988, também foi interessante. Por indicação das Nações Unidas, foi criado um grupo de profissionais de várias nacionalidades para ajudar na recuperação da cidade de Havana. Eram dois americanos, um suíço e um

O QUE É SER URBANISTA [OU ARQUITETO DE CIDADES]

brasileiro. Os americanos eram especialistas em recuperação de edificações e o suíço, em saneamento. Eu fiquei responsável pela área de concepção urbana e transporte. Trabalhamos com arquitetos cubanos, que se mostraram excelentes profissionais, sobretudo porque já tinham feito uma revolução. Eles dispensavam a discussão ideológica, pois não tinham necessidade de fazer "a revolução" na arquitetura.

Na pauta havia um estudo sobre o metrô de Moscou, que os cubanos consideravam ideal para Havana. Analisei o caso e concluí que a melhor opção não seria o metrô russo porque, se ele fosse concluído, não haveria mais construções na superfície. Ou ainda haveria falta de manutenção e dos próprios materiais de construção necessários para isso.

Na apresentação da minha proposta senti um certo nervosismo no ar; afinal, a reunião seria com o generalíssimo-em-chefe Fidel Castro, e caberia a mim dizer sem vacilar que *"resulta que para nosotros el metro russo no es el indicado."*

Cheguei a ensaiar o texto para explicar a Castro o parecer técnico, mas fui salvo pelo gongo, pois na mesma noite da reunião havia um debate entre George Bush e Michael Dukakis, candidatos à presidência dos Estados Unidos, a que o comandante generalíssimo-em-chefe queria assistir pela televisão. Ele, então, delegou poderes ao prefeito de Havana para conversar comigo. O prefeito concordou com as propostas e deixou claro que tinha a mesma opinião.

...Jaime Lerner *for mayor*

Em 2004, fiz uma visita técnica a Honolulu, no Havaí, a convite do prefeito Jeremy Harris. Ele queria minha opinião sobre alguns projetos que estavam em fase final e prestes a ser executados. Fiz a análise com a mais absoluta franqueza, pois, embora não seja uma pessoa agressiva, sou muito sincero quando se trata de um assunto profissional, jamais procuro "dourar a pílula".

No último dia da visita, o prefeito reuniu mais de 60 pessoas para ouvir minhas considerações sobre a cidade, quando fiz um apanhado das coisas boas e ruins. Foi um encontro emocionante, pois no fim todos aplaudiram de pé, e o prefeito ergueu um cartaz em que estava escrito: "Jaime Lerner *for mayor*" (Jaime Lerner para prefeito).

Honolulu está bem melhor do que quando a visitei pela primeira vez, na década de 1970. A cidade tem mais de um milhão de habitantes e conta com uma das melhores Chinatowns que já vi, bem resolvida, limpa e organizada, mesmo mantendo as características de seu comércio intenso. Também a iluminação da praia me cativou em Honolulu.

Eles souberam usar, por exemplo, as crateras de vulcões, que, como as nossas pedreiras são feridas na natureza. No caso, feridas naturais, um ato de Deus, e não fabricadas pelo homem, como as pedreiras.

A determinação e a vontade política das autoridades foram fatores decisivos para a solução de alguns problemas.

Ainda no início de 2004, estive na Itália fazendo uma palestra sobre mobilidade a convite de meu amigo Domenico De Masi, e lá fui apresentado a uma senhora de Gênova que coordenava os eventos alusivos ao título de Capital da Cultura que seria recebido pela cidade. Ela solicitou minha ajuda para ideias de ações culturais e para a realização de um seminário. Apresentei alguns nomes e sugestões. Uma delas baseava-se no fato de que foi um genovês que desco-

O QUE É SER URBANISTA [OU ARQUITETO DE CIDADES]

briu a América. Agora, a ideia seria o inverso: fazer a América descobrir Gênova. Crianças fariam desenhos de navios, que deveriam ser enviados do mundo inteiro para Gênova também de navio.

...a história ao seu lado

Quando me perguntam sobre as minhas cidades favoritas, sempre cito Roma em primeiro lugar. É muito agradável trabalhar quando você tem a história ao seu lado. Não há necessidade de se construir um grande *boulevard* ou algum monumento cultural, pois tudo ali é histórico. É preciso somente preservar e expor ao público aquilo que durante séculos o homem construiu.

O mesmo sentido, porém com outros elementos, pode-se aplicar em Nova York, onde a dinâmica da cidade parece estar sendo rebatida pelas paredes dos arranha-céus. É uma coisa rápida, pois não existe uma paisagem aberta, uma praia com fuga para o mar. A cidade vai e volta. Por isso fica interessante quando observamos a obra de Steinberg, trazendo o mar para a paisagem de Nova York.

Já uma cidade como São Paulo, por exemplo, exige mais espírito coletivo e, portanto, campanhas públicas, de massa, que incentivem esse aspecto da cidadania. Gosto de realçar contribuições importantes para reforçar a identidade de uma cidade.

A identidade, o sentido de pertencer a uma cidade, é um componente fundamental de qualidade de vida. Costumo dizer que uma cidade é como um retrato de família que você não rasga, goste ou não do nariz de um tio ou de uma tia gorda. Você não rasga porque esse retrato é você.

Criatividade
...o cinema é um estimulador de ideias

Desde criança, sinto uma forte atração por filmes, pela magia da criação do cinema. É uma arte que consegue reunir todas as outras artes. Eu e minha mulher, Fani, íamos ao cinema pelo menos duas vezes por semana, além dos vários filmes que assistíamos em casa. Somos cinéfilos. O cinema é um estimulador de ideias e conceitos. Apesar disso, se fosse aproximar o cinema do tema "cidade", eu não citaria *Metropolis*, e sim *Chère Louise* (1972), um filme francês, com a atriz Jeanne Moreau, que se passa numa cidade chamada Annecy, uma espécie de Veneza caseira, cheia de canais que eram parte da vida da cidade.

Fiquei tão encantado com Annecy que um dia, quando estava numa viagem entre Genebra e a França, vi uma placa que dizia: "Annecy 32 km." Minutos depois, eu estava andando pelos canais de Annecy, à procura do local exato que tinha gravado na memória. Fiquei dois dias num pequeno hotel em frente aos canais.

Outro filme que retrata bem a cidade é *Roma*, de Fellini. Ou *Encontros e desencontros*, em que a diretora Sophia Coppola reproduz fielmente Tóquio, com seu mar de luzes e solidão. Em *Operação França*, a sequência de Gene Hackman perseguindo pelo metrô o bandido Fernando Rey é sensacional. *Bonequinha de luxo*, com Audrey Hepburn, mostrava Nova York de uma maneira interessante. *Blade Runner* eu achei muito triste e pessimista, mas intrigante. Lembro-me ainda de *Um americano em Paris*, o musical com Gene Kelly. Em *No fundo do coração*, com Nastassya Kinski, o diretor Francis Coppola reproduz Las Vegas de maneira muito singular, com o néon duplicado pelos reflexos da chuva: uma beleza.

Os cineastas americanos adoram mostrar a destruição de suas cidades, ao contrário dos europeus. Nova York e Washington já foram destruídas várias vezes, mas você não vê um filme italiano destruir a Praça de São Pedro, ou um filme francês destruir o Louvre, por exemplo. O cinema americano deve ser um grande estimulador de suicídios, tragédias e atentados. Por isso, gosto mais da arte que estimula a fantasia do que aquela que manipula a tragédia.

Uma das coisas mais bonitas que já vi foi um filme chamado *A eternidade e mais um dia*, do grego Theo Angelopoulus. Ele é um grande poeta e fez um filme emocionante, daqueles em que é impossível segurar as lágrimas. Conta a história do último dia na vida de um homem, que está fazendo viagens ao seu passado. Em determinado momento, quando outro personagem lhe pergunta quanto dura o amanhã, ele responde: a eternidade e mais um dia, referindo-se ao último dia de vida, que gasta em recordações.

Para minha felicidade, pude conhecer pessoalmente vários criadores e atores de cinema, que muito me ajudaram com sua sabedoria e visão do mundo. O cinema une as pessoas. Afinal, depois de cada sessão de cinema, não saímos com os amigos para trocar ideias e comentar o filme?

Uma das estrelas que conheci bem foi o ator Anthony Quinn, que ficou três meses no Paraná filmando *Oriundi*. Durante as conversas informais que tivemos, ele me contou que tinha trabalhado com arquitetura no escritório de Frank Lloyd Wright, que acabou financiando uma cirurgia reparadora no

...criar uma cidade perfeita

Um dia eu estava em meu escritório quando recebi um telefonema do proprietário de um hotel de Curitiba. Ele disse que tinha um hóspede que queria falar comigo: Francis Ford Coppola. A única coisa que consegui responder foi: "Você está brincando." Mas ele não estava, e pôs Coppola ao telefone.

Eu não tinha a menor ideia de que Coppola estava em Curitiba, nem o conhecia pessoalmente. O diretor me disse então que sua equipe de pesquisadores tinha incluído Curitiba entre as cidades que ele deveria conhecer em seus estudos para um novo roteiro sobre cidades do futuro.

Coppola embarcou em seu próprio avião na Califórnia, e depois de escalas no Panamá e em Manaus, chegou a Curitiba. Na cidade, ouviu falar muito a meu respeito e quis me conhecer. No mesmo dia, jantamos juntos no restaurante do hotel e marcamos um novo encontro para o dia seguinte em meu escritório. Perguntei se ele queria que alguém fosse buscá-lo, mas ele recusou.

Na tarde do dia seguinte, Coppola e dois integrantes de sua equipe chegaram de ônibus. Pegaram o biarticulado no centro e percorreram o trajeto de dez minutos até a estação-tubo, ao lado da minha casa, em meio à população curitibana.

Depois do encontro no escritório, Coppola disse que queria cozinhar para mim e para Fani. Marcamos um almoço em minha casa para o domingo, quando fomos ao mercado municipal logo cedo, pois o diretor queria comprar os ingredientes. O prato principal era nhoque e berinjela ao forno, tudo preparado artesanalmente por Coppola, o que acabou fazendo com que nosso almoço ficasse pronto quase às seis da tarde. Mas tudo foi muito agradável, pois ele é dono de uma vinícola na Califórnia e trouxe várias garrafas do vinho Niebaum-Coppola para degustarmos enquanto era preparado o almoço que virou jantar.

Tivemos ótimas conversas, mas procurei deixar Coppola à vontade nos outros dias para não interferir em sua visão da cidade. Depois, ele embarcou novamente em seu avião e foi a Foz do Iguaçu para conhecer Itaipu e as Cataratas, que mereceram de Coppola o seguinte comentário: "Poucas imagens me fascinaram tanto quanto as Cataratas." Ele também ficou emocionado com as palavras de Henfil registradas em uma placa no Mirante Central da Usina de Itaipu: "Se não houver frutos, valeu a beleza das flores. Se não houver flores, valeu a sombra das folhas. Se não houver folhas, valeu a intenção da semente."

Quando voltou a Curitiba, jantamos juntos novamente. Coppola despediu-se com comentários elogiosos à cidade, que provavelmente faria parte do roteiro de *Megalópolis*, cujo argumento original trata de um arquiteto que sonha criar uma cidade perfeita, capaz de conter, com absoluta harmonia, as desigualdades entre seus habitantes.

Outro grande diretor de cinema que tive o prazer de conhecer foi Luis Buñuel. Em 1966 foi realizado um concurso para adequar o espaço onde seria realizado o Festival de Cinema de San Sebastian, na Espanha. Nossa equipe participou desse concurso e ficou em segundo lugar. Três anos depois, o projeto vencedor mostrou-se inviável e — numa terça-feira — eles ligaram perguntando se aceitávamos desenvolver nosso projeto. Na sexta-feira já estávamos embarcando para a Espanha.

Foram três meses de trabalho intenso até que, em determinado momento, os estudos e as nossas pesquisas exigiram mais detalhes do festival. Os organizadores sugeriram que fôssemos a Cannes para ver como funcionava o festival francês. Eu falava francês e fui escolhido para trabalhar nessa pesquisa.

Cheguei em Cannes com uma carta de recomendação para o diretor do festival, onde o Brasil tinha brilhado anos antes com *O pagador de promessas*, vencedor da Palma de Ouro. E foi assim que, para minha satisfação e vaidade, numa determinada noite acabei participando de uma conversa maravilhosa com Buñuel. Ele estava no auge da carreira e tornara-se uma celebridade quase inacessível. Foi um momento inesquecível na minha vida.

uma carta a Fellini

Outro episódio marcante ocorreu em Curitiba, na época mais importante do cinema italiano. Fellini, Ettore Scola, Pasolini, Visconti e tantos diretores mágicos. Então, houve um momento em que a cidade de Curitiba escreveu uma carta a Fellini. A história é mais ou menos essa:

Corria a notícia de que Federico Fellini viria ao Brasil para uma Bienal de São Paulo. Surgiu um movimento em Curitiba para que Fellini visitasse a cidade. A ideia era homenagear o compositor Nino Rotta, falecido pouco tempo antes — e que fora autor das trilhas sonoras da maioria dos filmes de Fellini, dando seu nome a um auditório que se pretendia construir numa pedreira que, como prefeito, eu havia desativado.

Decidimos convidar Fellini para inaugurar o auditório Nino Rotta. Mas como fazer esse convite?

Os jornalistas Aramis Millarch e Valêncio Xavier e um grande número de cineastas e cinéfilos curitibanos entenderam que a carta-convite deveria ser feita por meio de um filme. O convite seria feito por personagens fellinianos em várias partes da cidade. Ou seja, Curitiba seria descrita para Fellini em seu próprio vocabulário.

O movimento dos dias seguintes foi de criação intensa. O filme foi concluído. A cena final acontecia na própria pedreira, com o pintor italiano Franco Giglio dando uma *pernaccia* aos diretores de cinema.

E quem entregaria a carta? O próprio Giglio, que, diziam, era conhecido de Fellini. Só que, a essa altura, a diversão de fazer o filme era tão grande que já nos tínhamos esquecido de Fellini.

Mas a missão exigia o prosseguimento até o fim. E lá se foi o nosso Franco Giglio com sua Rose para a sua Dolce Aqua, atendendo a um chamado da família.

A timidez do amigo Franco Giglio, no entanto, nunca permitiu que o filme-carta fosse entregue. Giglio faleceu alguns anos depois sem completar a tarefa.

Mas o grande auditório da pedreira foi feito e, ao lado, em outra pedreira, construímos a Ópera de Arame.

Acredito que Fellini nunca soube que a vontade de homenageá-lo criou uma acupuntura urbana tão bonita.

Ah, o filme *Carta a Fellini* ganhou prêmios em vários festivais de cinema.

Essa história contei durante um jantar na casa de uma grande diretora italiana, Lina Wertmüller, autora de filmes como *Mimi, o metalúrgico, A classe operária vai ao paraíso,* e outros.

Estava presente um dos grandes amigos de Fellini. A carta não chegou a Fellini, mas continua uma história. Com certeza Franco Giglio já o encontrou lá em cima e provavelmente estão trabalhando num filme que trará a resposta à carta.

Sensibilidade

...valor aos artistas

Sempre dei muito valor aos artistas, pois acho que eles possuem uma sensibilidade muito grande, que pode ser aplicada em várias áreas, principalmente no urbanismo. Por isso, sempre tive um contato muito próximo com artistas e, quando possível, procurei ter a participação deles em meu trabalho.

Entre os vários artistas que conheci e com quem trabalhei, destaco Poty Lazarotto (1924-1988), curitibano de origem italiana, um dos grandes muralistas e ilustradores do Brasil. Ele tem muitas obras espalhadas por Curitiba e pelo país, foi o ilustrador do romance *Grande Sertão: Veredas*, de Guimarães Rosa, e de livros de outros grandes escritores.

Foi uma amizade maravilhosa, que teve início quando estávamos trabalhando no projeto da Praça 29 de Março, que homenageia o dia da fundação de Curitiba. Sugeri que a história da cidade fosse contada por meio dos painéis de Poty, e aí começou nosso relacionamento.

Quando o Poty aparecia na minha casa, sempre vinha acompanhado de pessoas como Antônio Houaiss, Noel Nutels e Darcy Ribeiro, entre outros intelectuais que me ajudaram a entender o nosso país. Minha casa tem muitas obras de Poty, pois a cada visita ele me presenteava com um desenho ou uma peça de tapeçaria de sua autoria.

Certa vez, quando eu era prefeito, o Poty estava querendo fazer uma petição questionando uma obra em frente à casa do pai dele, que ainda era vivo e morava no bairro do Capanema, hoje Jardim Botânico. Nosso relacionamento era tão próximo que, em vez de palavras ou de um requerimento oficial, Poty mandou-me um desenho para explicar com mais clareza o que queria.

Quando olhei o desenho, percebi que tinha em mãos algo que deveria entrar para o acervo cultural da cidade e, prontamente, aceitei o desenho como um processo protocolar. Acho que foi a primeira vez que os traços de um artista circularam pela burocracia como um processo público administrativo, até o seu deferimento.

Além de Buñuel, Poty e Coppola, merecem menção outros artistas e personalidades que admiro e nos quais procuro me inspirar. Entre eles estão Millôr Fernandes, Cora Rónai, Ziraldo, Chico Caruso, José Carlos Sussekind e Paulo Casé. São excelentes profissionais que sempre tiveram a preocupação de apresentar boas ideias para as cidades.

Em nível internacional, foram importantes meus encontros com Deepak Chopra e Domenico De Masi, o filósofo que gosta de falar das coisas que funcionam — e por isso se interessou por Curitiba.

Gostaria também de lembrar o papel importante que Vinicius de Moraes e Sérgio Ricardo, da música e do cinema, e Gianfrancesco Guarnieri, do teatro, tiveram na minha vida. O encontro com pessoas de tal sensibilidade e nível intelectual não deve ser desperdiçado. São nos momentos lúdicos de conversas informais com essas pessoas que se desenvolve a imaginação e surgem boas ideias. São conversas que não acontecem com hora marcada, e muitas vezes têm um bar ou um café como ponto de encontro. Eu cultivo muito esses momentos como parte de um processo criativo. Estou convencido de que a vida não oferece nada para o paquerador distraído.

Não posso deixar de mencionar também meus encontros com Bill Clinton, Tony Blair e o líder espiritual Dalai Lama. Clinton chegou a Foz do Iguaçu trazendo na comitiva o ator Anthony Hopkins — e ambos se emocionaram com o cenário das Cataratas. Durante a caminhada até o mirante, Clinton perguntou-me se era muito difícil ser governador do estado. Respondi dizendo que o problema maior era quando chegavam visitantes ilustres, que nos obrigavam a bombear água para o alto para fazer as cataratas. Ele riu, e a observação ajudou a quebrar o gelo.

União Internacional dos Arquitetos
...celebração das cidades

Faltavam seis meses para se encerrar meu segundo mandato como governador, em julho de 2002, quando fui participar do Congresso Mundial da União Internacional dos Arquitetos (UIA), em Berlim. Além de arquiteto membro, minha participação também era como homenageado, pois receberia no congresso o prêmio Sir Robert Matthew na categoria Melhorias na Qualidade dos Assentamentos Humanos, muito importante na área urbanística.

Alguns colegas do Instituto de Arquitetos do Brasil (IAB), como Miguel Pereira, Haroldo Pinheiro, Roberto Simon, Danilo Landó, Carlos Fayet, Manoel Coelho, Eduardo Guimarães, Maria Helena Paranhos, Cleon Ricardo dos Santos, entre outros, decidiram convencer-me a ser candidato na eleição para presidente da UIA que coincidia com o congresso. Eles achavam que estava na hora de o Brasil ter um candidato na União. Conseguiram até o apoio de nomes importantes, como Oscar Niemeyer, e fizeram alianças com seções latinas, do México e da Espanha para brigar contra o monopólio europeu na presidência da UIA.

A princípio eu não queria ser candidato, achava até que Miguel Pereira era o nome mais indicado. Mas eles insistiram tanto que comecei a pensar no que faria se fosse presidente da UIA. Decidi que levantaria a causa das cidades e a importância de melhorá-las para dar mais qualidade de vida à população. Algo como aconteceu há 30 anos com a questão do meio ambiente: um grande movimento. Percebi então que tinha um bom mote para uma campanha, e assim começou. Lançamos a campanha com o nome Celebração das Cidades.

A intenção era, e ainda é, abrir espaço para os arquitetos, pois todos têm uma ideia para suas cidades, mas precisam de uma oportunidade para apresentá-la. Minha missão na UIA, além de coordenar um concurso internacional de ideias, seria envolver prefeitos, governadores, presidentes e demais autoridades nessa questão, mostrar a eles a importância de se pensar nas cidades.

Era a primeira vez que alguém se apresentava como candidato a presidente da UIA sem fazer parte do Conselho da entidade, composto por cerca de 30 profissionais. A eleição seria em Berlim, em vários turnos. O primeiro turno seria disputado por quatro candidatos, sendo que o último colocado estaria automaticamente eliminado. O mesmo acontecia no segundo turno, até que a disputa ficasse entre dois candidatos. A cada reunião, os candidatos tinham que fazer uma apresentação de suas metas, explicando sua plataforma de ideias. Falei quatro minutos sobre a importância de priorizar as cidades. Enfatizei a necessidade de se desenvolver um grande movimento internacional em favor das cidades. E assim fui passando pelas etapas da votação e, no último turno, ganhei do candidato da Alemanha por uma diferença de cinco votos. Foi uma eleição histórica para a arquitetura brasileira, que sempre foi considerada de vanguarda. Tivemos nomes que ganharam destaque e viraram referência mundial, como Oscar Niemeyer, Sérgio Bernardes, Vilanova

O QUE É SER URBANISTA [OU ARQUITETO DE CIDADES]

Artigas e Paulo Mendes da Rocha, por exemplo. Mas faltava ao Brasil uma participação forte numa organização importante, para acentuarmos nossa presença não só pelos trabalhos, mas também pelas ideias, opiniões e posições.

Depois da eleição, já trabalhando como presidente, foi lançado o concurso Celebração das Cidades que recebeu sugestões de arquitetos e estudantes de arquitetura do mundo todo.

O urbanista

...fragmentos de um discurso
sobre vocação

Ao lado da minha casa, durante alguns anos da minha infância, estacionou o circo Irmãos Queirolo. Quase todas as noites eu ia ao circo, sabia tudo sobre ele, o picadeiro, as atrações. Na mesma rua, a estação do trem trazia para a loja do meu pai o convívio com o homem do interior, o viajante, o lavrador. As fábricas, as estações de rádio com os programas de auditório, suas orquestras, seus regionais... Isso tudo é a cidade.

Certa vez, ao receber uma homenagem na Câmara Municipal de Curitiba, que por acaso ficava na rua onde eu tinha passado a infância, fiz um discurso durante o qual chorei o tempo todo ao descrever a minha rua. Eu não conseguia parar de chorar. No fim, eu dizia: "Aqui fiz meu curso de realidade e de fantasia. Jamais poderia imaginar que um dia fosse cruzar esta rua para prestar juramento como prefeito da minha cidade."

Sempre que tenho oportunidade, tento explicar minha paixão pela rua e, em outra dimensão, pela cidade que sempre esteve presente na minha memória e da qual nunca me afastei. (Falo de Curitiba, mas esse raciocínio cabe em qualquer lugar do mundo.)

À cidade dediquei minha vida. Fui prefeito de uma e governador de estado, ou seja, de 399 cidades. A elas devem

JAIME LERNER

ser somadas as cidades onde vivi, estudei, trabalhei e que percorri com curiosidade e avidez, tentando extrair sempre a essência. Daí a minha angústia sempre que vejo uma cidade se deteriorar.

Quantas equipes de bons profissionais, quantos prefeitos bem-intencionados, quantos presidentes bem-falantes perdem o momento de fazer avançar a qualidade de vida das pessoas? Este testemunho pretende chegar à raiz do problema urbano, no contrafluxo de todos que se empenham sistematicamente em dizer que determinada cidade não tem solução; daqueles que não conseguem enxergar a cidade onde cada vez mais se dissocia a atividade econômica das pessoas. Em todos os lugares onde se pensou a atividade econômica separada dos assentamentos urbanos houve sérios danos, e a história nos tem mostrado as razões. Isso aconteceu com cidades, estados e países.

A cidade não é problema, tem que ser solução. Devemos tentar melhorar a vida na cidade oferecendo transporte, habitação, saúde e boas condições para o meio ambiente. Quando analisamos a questão da violência, por exemplo, percebemos que em cidades com boa qualidade de vida os índices de violência são menores.

Existe uma questão ideológica, hoje, contrapondo globalização e solidariedade. Prefiro me incluir entre aqueles que, como Mário Soares, ex-presidente de Portugal, desejam globalizar a solidariedade. Assim, a cidade é o refúgio da solidariedade.

Independentemente de solidariedade e justiça, precisamos definir quem vai ocupar os cafés, as ruas, os parques. Onde estão os velhos, que contribuíram a vida inteira com os fundos de pensão para poder usufruir de uma aposentadoria? Eles são o pólen que a juventude deve sorver.

O QUE É SER URBANISTA [OU ARQUITETO DE CIDADES]

Em última análise, a questão decisiva nessa evolução é a vontade política de acertar — o resto são questões técnicas que podemos resolver. Alguns equívocos urbanos históricos podem ter suas causas facilmente identificadas pela dissociação de vida e trabalho, projeção da tragédia, insistência em tendências não desejáveis pela população, falta de uma visão global e estrutural da cidade, imobilismo do diagnóstico, muitas oportunidades aos vendedores de complexidade, falta de compreensão do papel indutor das cidades, formação de guetos de pobres e ricos e ênfase no conhecimento estatístico em detrimento do conhecimento das pessoas.

É preciso olhar a cidade a partir das pessoas, dos viajantes, do trabalhador, da professora, do pobre, do rico, da criança e do velho. Todos devem se sentir participando das decisões e parte de um grande projeto.

Do ponto de vista técnico, é preciso entender para onde a cidade deve crescer, qual o seu caminho de crescimento. Compete ao governante estimular uma ou outra tendência, conforme as necessidades. Esse é um trabalho que exige dedicação de um urbanista. Mas essa é a maneira mais fácil de tornar a cidade mais humana, mais agradável.

Quando falo em celebrar uma cidade, isso não implica necessariamente um evento. Basta o esforço para melhorar a vida das pessoas. Todos os dias.

Trabalho em equipe

...minha turma

Ninguém trabalha sozinho. Tenho certeza de que somente a imersão de várias pessoas juntas num trabalho forma um processo criativo.

Desde o começo, ainda estudante, com Rafael Dely, Carlos Ceneviva, Domingos Bongestabs e Manoel Coelho, formamos um time que continuou pela vida afora. São arquitetos excepcionais. Alguns anos depois, eu e Domingos tivemos um escritório com Marcos Loureiro Prado, que foi interrompido pelos meus mandatos de prefeito, mas por meio do qual participamos e ganhamos concursos importantes de arquitetura. Durante algum tempo, também trabalhei em parceria com Cassio Taniguchi, Luís Hayakawa e Taco Roorda em várias cidades brasileiras. Mais tarde, a partir de um período no Rio de Janeiro, passei a trabalhar com Paulo Kawahara, Valéria Bechara, Fernando Popp, Giana Rossi e, mais recentemente, Fernando Canale, que me acompanham até hoje com muito talento e paciência. Esse grupo é de excepcional qualidade, enriquecido pelas participações de Carlos Ceneviva e Rafael Dely, meus parceiros de sempre.

Nunca vou esquecer as equipes fantásticas que tive na Prefeitura de Curitiba. Mas duas pessoas me formaram com sua visão ética e humana e criaram em mim uma epiderme de sensibilidade aos anseios, direitos e desejos das pessoas: Nireu Teixeira e Fanchette Rischbieter.

JAIME LERNER

Com Nicolau Kluppel criamos canais, lagos, praias; com Hitoshi Nakamura fizemos parques e obras à velocidade da luz. Com Abraão Assad, irmão por parte de sonhos, fantasias tão importantes que só poderiam ser descritas por Jaime Lechinski, Carlos Deiró e Wianey Pinheiro, que deram vida a esses sonhos, com Cila Schulman e Paulo Krauss.

Não posso deixar de citar todos os secretários que tive tanto na prefeitura quanto no governo do estado. Parceiros de obras e ideias.

Guaraci Andrade, Gerson Guelman, Cid Campelo, Duda Camargo e Caio Soares deram-me condições políticas e afetivas para que eu tivesse tranquilidade para criar.

Também agradeço a outros dois grandes prefeitos que me antecederam e me seguiram: Saul Raiz e Cassio Taniguchi. Com meu velho amigo Alceu Ceccon, e depois Mauro Menon, quantas vezes percorri a Curitiba do futuro.

Finalmente, minhas filhas Andrea e Ilana e genros, os tão queridos Sebastian e Cláudio, que deram a mim e a Fani os netos Tobias, Sophie, Ben e Liana. Com eles, bom, aí é outra história.

Instituições de ensino

ACRE
FACULDADE DA AMAZÔNIA OCIDENTAL
Estrada Dias Martins, 894 – Jardim Primavera
CEP 69912-470 – Rio Branco
Telefone (68) 2106-8233 Fax: (68) 2106 8250
e-mail: verocastro@uol.com.br | *site:* www.firbfaao.com.br

FACULDADE BARÃO DO RIO BRANCO
BR 364 Km 02, Alameda Hungria, 200 – Jardim Europa II
CEP 69.911-900 – Rio Branco
Telefone: (68) 3302-7070 Fax: (68) 3213 7081
e-mail: marco.brandao@uninorteac.com.br | *site:* www.uninorteac.com.br

ALAGOAS
CENTRO DE ESTUDOS SUPERIORES DE MACEIÓ
FACULDADE DE CIÊNCIAS EXATAS E TECNOLÓGICAS
Rua Estudante José de Oliveira Leite, 438, Centro
CEP 57300-000 – Arapiraca
Telefone: (82) 3530.0155 Fax: (82) 3221.0402
e-mail: arquitetura@fejal.com.br | *site:* www.fejal.com.br

UNIVERSIDADE FEDERAL DE ALAGOAS
FACULDADE DE ARQUITETURA E URBANISMO
Campus A. C. Simões
Av. Lourival Melo Mota, s/n, Tabuleiro do Martins
CEP 57072-970 – Maceió
Telefone: (82) 3214-1284 Fax (82) 3214 1700
e-mail: deperq@ufal.br | *site:* www.ufal.br

AMAPÁ
CENTRO DE ENSINO SUPERIOR DO AMAPÁ
Rodovia Duque de Caxias, Via 17, n° 350, Alvorada
Telefone: (96) 3261-2133 Fax: (96) 3261-1401
CEP 68906720 – Macapá
e-mail: ceap@ceap.br | *site:* www.ceap.br

JAIME LERNER

FACULDADE DE MACAPÁ
Rod. Duque de Caxias, Km 05, Cabralzinho
CEP 68.906720 – Macapá
Telefone: (96) 2101.0400 Fax: (96) 2101-0409
e-mail: d.academica@faculdadedemacapa.com.br
site: www.faculdadedemacapa.com.br

UNIVERSIDADE FEDERAL DO AMAPÁ
Campus Universitário Santana - Rod. Juscelino Kubitschek de Oliveira, KM-02, Zerão
CEP 68902-280 – Macapá
Telefone: (96)241-1515 Fax: (96)241-2582
e-mail: ccau@unifap.br | *site:* www.unifap.br/campussantana

AMAZONAS
CENTRO UNIVERSITÁRIO LUTERANO DE MANAUS
Av. Carlos Drummond de Andrade, 1460, Cj. Atílio Andreazza, Japiim
CEP 69077-730 – Manaus
Telefone: (92) 3616-9844
e-mail: coordarqurb@ulbra.br | *site:* www.ulbra-mao.br

CENTRO UNIVERSITÁRIO NILTON LINS
Avenida Prof. Nilton Lins, 3259
CEP 69058-040 – Manaus
Telefone: (62) Fax: (92) 36432105
e-mail: uniniltonlins@niltonlins.br | *site:* www.niltonlins.br

CENTRO UNIVERSITÁRIO DO NORTE
Rua Huascar de Figueiredo, 205, Centro
CEP 69000-000 – Manaus
Telefone: (92) 3212-5088 Fax: (92) 3212-5000
e-mail: extensao@uninorte.com.br | *site:* www.uninorte.com.br

FACULDADE METROPOLITANA DE MANAUS
Av. Constantino Nery, 3.000 – Chapada
CEP 69050-001 – Manaus
Telefone: (92) 3642-3770
e-mail: cinaracardoso@hotmail.com | *site:* www.fametro.edu.br

O QUE É SER URBANISTA [OU ARQUITETO DE CIDADES]

UNIVERSIDADE PAULISTA
Av. Mário Ypiranga, 4390, Parque 10 de Novembro
CEP 69050-030 – Manaus
Telefone: (92) 3643-3800 Fax: (92) 3643-3899
e-mail: mariaeugenia@unip.br | *site:* www.unip.br

BAHIA
CENTRO UNIVERSITÁRIO JORGE AMADO
Av. Luis Viana, n.6775, Paralela
CEP 41.745-130 – Salvador
Telefone: (71) 3206-8004 Fax: (71) 3206-8099
e-mail: coordarq@unijorge.edu.br | *site:* www.jorgeamado.edu.br

FACULDADE UNIME DE CIÊNCIAS EXATAS E TECNOLÓGICAS
¨ACULDADE DE CIÊNCIAS EXATAS E TECNOLÓGICAS
Campus Lauro de Freitas
Av. Luis Tarquínio Pontes, 600
CEP 42700-000 – Lauro de Freitas
telefone (71) 3378-8900 Fax (71)3378-8105
e-mail: direcaoacademica@unime.com.br | *site:* www.unime.com.br

UNIVERSIDADE DO ESTADO DA BAHIA
Rua Silveira Martins, 2555, Cabula
CEP 41.195.001 – Salvador
Telefone: (71) 3117-2312 Fax: (71) 3117 2219
e-mail: mavila@uneb.br | *site:* www.uneb.br

UNIVERSIDADE FEDERAL DA BAHIA
Faculdade de Arquitetura
Rua Caetano Moura, 121, Federação
CEP 40210-350 – Salvador
Telefone: (71) 3283.5884 Fax: (71) 3283-5881
e-mail: arqufba@ufba.br | *site*: www.arquitetura.ufba.br

UNIVERSIDADE SALVADOR
Campus Amaralina
Rua Visconde de Itaborahy, 97, Amaralina
CEP 41900-000 – Salvador
Telefone: (71) 3344-7255/7254 Fax: (71)-3344-7252
e-mail: arquitetura@unifacs.br | *site:* www.unifacs.br

CEARÁ
FACULDADE NORDESTE
Av. Santos Dumont, 7800, Dunas
CEP 60.190-800 – Fortaleza
Telefone: (85) 3052.4841 Fax: (85) 3052-4803
e-mail: ines.bandeira@fanor.edu.br | *site:* www.fanor.edu.br

UNIVERSIDADE FEDERAL DO CEARÁ
Campus do Benfica
Av. da Universidade, 2890
CEP 60020-181 – Fortaleza
Telefone: (85) 3366 7491
e-mail: dauct@ufc.br | *site:* www.ufc.br

UNIVERSIDADE DE FORTALEZA
Av. Washington Soares, 1321, Edson Queiroz
CEP 60811-905 – Fortaleza
Telefone: (85) 3477-3250 Fax: (85) 3477-3061
e-mail: arquitetura@unifor.br | *site:* www.unifor.br

DISTRITO FEDERAL
CENTRO UNIVERSITÁRIO DE BRASÍLIA
SEPN 707/907, Asa Norte
CEP 70790-075 – Brasília
Telefone: (61) 3966-1385
e-mail: academico@uniceub.br | *site:* www.uniceub.br

CENTRO UNIVERSITÁRIO EURO-AMERICANO
Unidade Asa Sul
Av. das Nações, Trecho 0, Conjunto 5
CEP 70200-001 – Brasília
Telefone: (61) 3445-5701 Fax (61) 3445 5747
e-mail: centrodcdesign@unieuro.edu.br | *site:* www.unieuro.edu.br

CENTRO UNIVERSITÁRIO PLANALTO DO DISTRITO FEDERAL
SGAS 913, lotes 54 e 55, Asa Sul, Parte - Bloco H
CEP 70390-130 – Distrito Federal
Telefone: (61) 3345-9100 Fax: (61) 3346-6155
e-mail: uniplan.df@gmail.com | *site:* www.uniplandf.edu.br

O QUE É SER URBANISTA [OU ARQUITETO DE CIDADES]

FACULDADES INTEGRADAS DA UNIÃO EDUCACIONAL DO PLANALTO CENTRAL
Campus III
SMPW, Quadra 03, Lote 11, Conjunto 1, Park Way
CEP 71735-030 – Brasília
Telefone: (61) 3386-1131
e-mail: faciplac@faciplac.edu.br | *site:* www.faciplac.edu.br

INSTITUTO DE ENSINO SUPERIOR PLANALTO
SEPS, Av. W5 Sul EQ 708/907, lote B, Asa Sul
CEP 70390-079 – Brasília
Telefone: (61) 3442-6020 Fax: (61)3442 6005
e-mail: ceplanalto@iesplan.br | *site:* www.Iesplan.br

UNIVERSIDADE DE BRASÍLIA
FACULDADE DE ARQUITETURA E URBANISMO
Campus Universitário Darcy Ribeiro
Instituto Central de Ciências, ICC Norte, Gleba A, Asa Norte
CEP 70910-900 – Brasília
Telefone: (61) 3307 2450 | Fax: (61) 3273 2070
e-mail: fausad@unb.br | *site:* www.unb.br/fau

UNIVERSIDADE PAULISTA
SGAS, Quadra 913, s/nº, Conjunto B, Asa Sul
CEP 70390-130 – Brasília
Tel: (61) 2192-7080
site: www.unip.br

ESPÍRITO SANTO
CENTRO UNIVERSITÁRIO VILA VELHA
Campus Boa Vista
Rua Comissário José Dantas de Melo, 21, Boa Vista
CEP 29102-770 – Vila Velha
Telefone: (27)3421-2099
e-mail: arquitetura@uvv.br | *site:* www.uvv.br

FACULDADE BRASILEIRA
Rua José Alves, 301, Goiabeiras
CEP 29075-080 – Vitória
Telefone: (27) 3335-5653
e-mail: viviane@univix.br | *site:* www.univix.br/

JAIME LERNER

FACULDADE DE ARACRUZ
Rua Professor Berilo Basílio dos Santos, 180, Centro
CEP 29194-910 – Aracruz
Telefone: (27) 3302-8027
e-mail: secretaria@fsjb.edu.br | *site:* www.faacz.com.br/

FACULDADE NACIONAL
Campus Jardim da Penha
Av. Saturnino Rangel Mauro, 1.401, Jardim da Penha
CEP 29060-770 – Vitória – ES
Telefone (27) 2123-2900
e-mail: coordenacaoarquitetura@finac.br | *site:* www.finac.br

UNIVERSIDADE FEDERAL DO ESPÍRITO SANTO
Av. Fernando Ferrari, 514, Goiabeiras
CEP 29075910 – Vitória
Telefone: (27) 3335 2564
e-mail: dau@npd.ufes.br| *site:* www.car.ufes.br/

GOIÁS
FACULDADE CAMBURY
Av. T2, 3531, Sol Nascente
CEP 74410-220 – Goiânia
Telefone: (62) 3236-3000 Fax: (62) 3236-3000
e-mail: cambury@cambury.br | *site:* www.cambury.br

UNIVERSIDADE CATÓLICA DE GOIÁS
Av. Universitária 1.440, Setor Universitário
CEP 74605-010 – Goiânia
Telefone: (62) 3946-1347
e-mail: reitoria@ucg.br | *site:* www.ucg.br/

UNIVERSIDADE PAULISTA
Avenida T-1, 363 - Setor Bueno - Goiânia - GO
CEP 74845-090
Telefone: (62) 3239-4000
site: www.unip.br

O QUE É SER URBANISTA [OU ARQUITETO DE CIDADES]

UNIVERSIDADE ESTADUAL DE GOIÁS
Unidade Universitária de Anápolis
BR -153, KM 98
CEP 75001-970 – Anápolis
Telefone: (62) 3328-1160
e-mail: arquiteturaeurbanimo.unucet@ueg.br | *site:* www.ueg.br

MARANHÃO
CENTRO UNIVERSITÁRIO DO MARANHÃO
Unidade Renascença
Rua Josué Montello, nº1, Renascença II
CEP 65.075-120 – São Luís
Telefone: (98) 3214-4271 Fax: (98) 3235-3265
e-mail: ceuma@ceuma.br | *site:* www.ceuma.br

UNIVERSIDADE ESTADUAL DO MARANHÃO
Rua da Estrela, 472, Centro
CEP 65010-200 – Praia Grande
Telefone: (98) 222-6162
e-mail: arquitetura@cct.uema.br | *site:* www.arquitetura.uema.br/

MATO GROSSO
FACULDADE DE CIÊNCIAS AGRÁRIAS E EXATAS DE PRIMAVERA DO LESTE
Campus Beira Rio
Avenida Beira Rio, 3100, Jardim Europa
CEP 78015-480 – Cuiabá
Telefone: (66) 3363-1000

Campus Primavera do Leste
Av. Paulo Cesar Aranda, 241, Jardim Riva
CEP – Primavera do Leste
Telefone: (66) 3498-4605

Campus Sinop Aeroporto
Estrada Nanci, 900, Eunice
CEP 78550-000 – Cuiabá
Telefone: (66) 3515-7327
e-mail: ana.santos@iuni.com.br | *site:* www.unicen.edu.br/primavera

UNIVERSIDADE DO ESTADO DE MATO GROSSO
Rua A, s/n, Cohab São Raimundo
CEP 78.390-000 – Barra do Bugres
Telefone: (65) 3361-3062
e-mail: darubb@unemat.br | *site:* www.unemat.br

UNIVERSIDADE FEDERAL DE MATO GROSSO
FACULDADE DE ARQUITETURA, ENGENHARIA E TECNOLOGIA
Avenida Fernando Corrêa, s/n, Coxipó
CEP 78060-900 – Cuiabá
Telefone: (65) 3615.8709
e-mail: faet@cpd.ufmt.br | *site:* www.ufmt.br/faet/index.html

MATO GROSSO DO SUL
CENTRO UNIVERSITÁRIO DA GRANDE DOURADOS
FACULDADE DE CIÊNCIAS EXATAS E DA TERRA
Rua Balbina de Matos, 2121, Jardim Universitário
CEP 79824-900 – Dourados
Telefone: (67) 3411-4141 Fax: (67) 3411-4167
e-mail: pos@unigran.br | *site:* www.unigran.br

UNIVERSIDADE ANHANGUERA
Rua Ceará, 333, Miguel Couto
CEP 79003-010 – Campo Grande
Telefone: (67) 3348 - 8000 Fax: (67) 3341-9210
e-mail: uniderp@uniderp.br | *site:* www.uniderp.br

UNIVERSIDADE FEDERAL DE MATO GROSSO DO SUL
Campus de Campo Grande
Cidade universitária, s/n
CEP 79070-900 – Campo Grande
Telefone: (67) 3345 -7452
e-mail: secaccet@nin.ufms.br | *site:* www.ufms.br

MINAS GERAIS
CENTRO DE ENSINO SUPERIOR DE JUIZ DE FORA
Campus Arnaldo Janssen
Av. Luz Interior, 100, Estrela Sul
CEP 2102-7000 – Juiz de Fora
Telefone: (32) 2102 - 7000
e-mail: pc@cesjf.br | *site:* www.cesjf.br/cesjf/cursos/arquitetura/

O QUE É SER URBANISTA [OU ARQUITETO DE CIDADES]

CENTRO UNIVERSITÁRIO DE BELO HORIZONTE
Campus Estoril
Av. Prof. Mário Werneck, 1685, Estoril
CEP 30455-610 – Belo Horizonte
Telefone: (31) 3377-1471
e-mail: coord.arquitetura@unibh.br | *site:* www.unibh.br

CENTRO UNIVERSITÁRIO DE FORMIGA
Av. Dr. Arnaldo de Senna, 328
CEP 35570-000 – Formiga
Telefone: (37) 3329 - 1475
e-mail: unifor@uniformg.edu.br | *site:* www.uniformg.edu.br

CENTRO UNIVERSITÁRIO DO LESTE DE MINAS GERAIS
Campus Coronel Fabriciano
Av. Tancredo Neves, 3500, Bloco Universitário
CEP 35170-056 – Coronel Fabriciano
Telefone: (31) 3846-5611
e-mail: cau@unilestemg.br | *site:* www.unilestemg.br

CENTRO UNIVERSITÁRIO DO TRIÂNGULO
Av. Nicomedes Alves dos Santos, 4545, B. Gávea
CEP 38411-106 – Uberlândia
Telefone: (34) 4009-9148
e-mail: arquteturadesign@unitri.edu.br | *site:* www.unitri.edu.br

CENTRO UNIVERSITÁRIO METODISTA IZABELA HENDRIX
Campus Praça da Liberdade
Rua da Bahia, 2020, Praça da Liberdade
CEP 30160-012 – Belo Horizonte
Telefone: (31) 3244-7200
e-mail: paula.silva@metodistademinas.edu.br
site: www.metodistademinas.edu.br

CENTRO UNIVERSITÁRIO UNA
FACULDADE DE CIÊNCIAS SOCIAIS APLICADAS
Campus Raja
Av. Raja Gabáglia, 3.950, Estoril
CEP 30350-540 – Belo Horizonte
Telefone: (31) 3290-8816
e-mail: mateus.sousa@una.br | *site:* www.una.br

JAIME LERNER

FACULDADE DE CIÊNCIAS EXATAS E TECNOLÓGICAS SANTO AGOSTINHO
Av. Osmane Barbosa, 937 JK
CEP 39404-006 – Montes Claros
Telefone: (38) 3690-3600
e-mail: facet@santoagostinho.edu.br | *site:* www.santoagostinho.edu.br

FUNDAÇÃO UNIVERSIDADE FEDERAL DE VIÇOSA
Avenida Peter Henry Rolfs, s/n
CEP 36571-000 – Viçosa
Telefone: (32) 3899-1982
e-mail: mcarvalho@ufv.br | *site:* www.ufv.br

PONTIFÍCIA UNIVERSIDADE CATÓLICA DE MINAS GERAIS
Campus Coração Eucarístico
Av. Dom José Gaspar, 500, Coração Eucarístico
CEP 30535-901 – Belo Horizonte
Telefone: (31) 3319-4502

Campus Poços de Caldas
Av. Padre Francis Cletus Cox, 1661
CEP 37701-355 – Poços de Caldas
Telefone: (35) 3729-9214
e-mail: arquitet@pucminas.br e arquitetura@poços.pucminas.br
site: www.pucminas.br

UNIVERSIDADE FEDERAL DE JUIZ DE FORA
Rua José Lourenço Kelmer, s/n, São Pedro
CEP 36036-330 – Juiz de Fora
Telefone: (32) 2102 3403 Fax: (32) 3229-3401
e-mail: coordarq@arquitetura.ufjf.br | *site:* www.arquitetura.ufjf.br

UNIVERSIDADE DE ITAÚNA
Rodovia MG 431, Km 45 (Trevo Itaúna/Para de Minas)
CEP 35680-142 – Itaúna
Telefone: (37) 3249-3000
e-mail: academico@uit.br | *site:* www.uit.br

O QUE É SER URBANISTA [OU ARQUITETO DE CIDADES]

UNIVERSIDADE DE UBERABA
Av. Nenê Sabino, 1801, Bairro Universitário
CEP 38.055-500 – Uberaba
Telefone: (34) 3319-8966
e-mail: diretor.arquiteturaeurbanismo@uniube.br
site: www.uniube.br

UNIVERSIDADE FEDERAL DE MINAS GERAIS
Escola de Arquitetura
Rua Paraíba, 697, Funcionários
CEP 30130-140 – Belo Horizonte
Telefone: (31) 3409.8800 Fax: (31) 3409.8818
e-mail: info@dai.ufmg.br | *site:* www.arquitetura.ufmg.br/

UNIVERSIDADE FEDERAL DE OURO PRETO
Campus Morro do Cruzeiro
Rua Diogo de Vasconcelos, 122
CEP 35400-000 – Ouro Preto
Telefone: (31) 3559-1228
e-mail: aci@ufop.br | *site:* www.ufop.br

UNIVERSIDADE FEDERAL DE UBERLÂNDIA
FACULDADE DE ARQUITETURA E URBANISMO
Campus Santa Mônica
Av. João Naves de Ávila, n° 2.121
CEP 38.408-100 – Uberlândia
Telefone: (34) 3239-4373
e-mail: faurb@ufu.br | *site:* www.faurb.ufu.br

UNIVERSIDADE FUMEC
FACULDADE DE ENGENHARIA E ARQUITETURA
Campus I
Rua Cobre, 200, Cruzeiro
CEP 30310-190 – Belo Horizonte
Telefone: (31) 3228-3150
e-mail: fumec@fumec br | *site:* www.fea.fumec.br/

JAIME LERNER

UNIVERSIDADE PRESIDENTE ANTÔNIO CARLOS
FACULDADE REGIONAL DO ALTO DO SÃO FRANCISCO
BR262 - KM480, s/n°, Zona Rural
CEP 35600-000 - Bom Despacho
Telefone: (37) 3521-9550 Fax: (37) 3521-9595
e-mail: unipac@unipacbomdespacho.com.br
site: www.unipacbomdespacho.com.br/v2/

UNIVERSIDADE VALE DO RIO DOCE
Rua Israel Pinheiro, 2000, Bairro Universitário
CEP 35020-220 - Governador Valadares
Telefone: (33) 3279-5929
e-mail: arquitetura@univale.br | *site:* www.univale.br

PARÁ
UNIVERSIDADE DA AMAZÔNIA
Av. Alcindo Cacela, 287, Umarizal
CEP 66060-902 - Belém
Telefone: (91) 4009-3087
e-mail: arquitet@unama.br | *site:* www.unama.br

UNIVERSIDADE FEDERAL DO PARÁ
FACULDADE DE ARQUITETURA E URBANISMO
Rua Augusto Corrêa, 1
CEP 66075-110 - Belém
Telefone: (91) 3201- 7109 Fax: (91) 3201-7608
e-mail: reitor@ufpa.br | *site:* www.itec.ufpa.br/

PARAÍBA
CENTRO UNIVERSITÁRIO DE JOÃO PESSOA
BR 230 - Km 22, s/n , Água Fria
CEP 58053-000 - João Pessoa
Telefone: (83) 2106 9278
e-mail: arquitetura@unipe.br | *site:* www.unipe.br

FACULDADE DE CIÊNCIAS SOCIAIS APLICADAS
Av. Argemiro de Figueiredo, 1901, Itararé
CEP 58411-020 - Campina Grande
Telefone: (83) 2101 8800
e-mail: facisa.arquiteto@uol.com.br | *site:* www.facisa.edu.br

O QUE É SER URBANISTA [OU ARQUITETO DE CIDADES]

UNIVERSIDADE FEDERAL DA PARAÍBA
Cidade Universitária, s/n
CEP 58059-900 – João Pessoa
e-mail: prg@prg.ufpb.br | *site:* www.ufpb.br

PARANÁ
CENTRO UNIVERSITÁRIO DE MARINGÁ
Av. Guedner, 1610, Jardim Aclimação
CEP 87050-390 – Maringa
Telefone: (44) 3027 6360 Fax: (44) 3027 6360
e-mail: miranda@cesumar.br | *site:* www.cesumar.br

CENTRO UNIVERSITÁRIO DE UNIÃO DA VITÓRIA
Av. Bento Munhoz da Rocha Neto, 3856, São Basílio Magno
CEP 84600-000 – União da Vitória
Telefone: (42) 3522-1837
e-mail: uniuv@uniuv.edu.br | *site:* www.uniuv.edu.br

CENTRO UNIVERSITÁRIO FILADÉLFIA
Av. JK, 1626, Centro
CEP 86020-000 – Londrina
Telefone: (43) 3375-7400
e-mail: caa@unifil.br | *site:* www.unifil.br

FACULDADE ASSIS GURGACZ
Av. das Torres, 500, Loteamento FAG
CEP 85806-095 – Cascavel
Telefone: (45) 3321-3900
e-mail: solange@fag.edu.br | *site:* www.fag.edu.br

FACULDADE DINÂMICA DAS CATARATAS
Rua Castelo Branco, 349
CEP 35236900 – Foz do Iguaçu
Telefone: (45) 3523 6900
e-mail: joseteodoro@udc.edu.br | *site:* www.udc.edu.br

FACULDADE MATER DEI
Rua Mato Grosso, 200, Centro
CEP 85501-030 – Pato Branco
Telefone: (46) 2101-8200
e-mail: facmater@whiteduck.psi.br | *site:* www.materdei.edu.br

PONTIFÍCIA UNIVERSIDADE CATÓLICA DO PARANÁ
Rua Imaculada Conceição, 1155, Prado Velho
CEP 80215-901 – Curitiba
Telefone: (41) 3271-2198
e-mail: arqurb@pucpr.br | *site:* www.pucpr.br

UNIVERSIDADE ESTADUAL DE LONDRINA
Rodovia Celso Garcia, Cid/PR, 445, KM 380
CEP 86051-990 – Londrina
Telefone: (43) 3371-4483 Fax: (43) 3371-4561
e-mail: pgr@uel.br | *site:* www.uel.br

UNIVERSIDADE ESTADUAL DE MARINGÁ
Av. Colombo, 5790
CEP 87020-900 – Maringá
Telefone: (44) 3261-4240
e-mail: sec-pen@uem.br | *site:* www.uem.br

UNIVERSIDADE FEDERAL DO PARANÁ
Centro Politécnico, Jardim das Américas
CEP 81531-990 – Curitiba
Telefone: (41) 3361-3497
e-mail: direcao@tecnologia.ufpr.br | *site:* www.tecnologia.ufpr.br/

UNIVERSIDADE PARANAENSE
Campus Sede
Praça Mascarenhas de Moraes, 4282
CEP 87502-210 – Umuarama
Telefone: (44) 3621-2828

Campus Cascavel
Rua Rui Barbosa, n.º 611 – Jardim Cristal
CEP 85810-240 – Cascavel
Telefone. (45) 3321-1300
e-mail: degedu@unipar.br | *site:* www.unipar.br

UNIVERSIDADE POSITIVO
Rua Professor Pedro Viriato Parigot de Souza, 5.300, Conectora 5
CEP 81280-330 – Curitiba
Telefone: (41) 3317-3029
e-mail: arquitetura@up.edu.br | *site:* arquitetura.up.edu.br/

O QUE É SER URBANISTA [OU ARQUITETO DE CIDADES]

UNIVERSIDADE TECNOLÓGICA FEDERAL DO PARANÁ
Av. Sete de Setembro, 3165, Rebouças
CEP 80230-901 – Curitiba
Telefone: (41) 3310-4855 Fax: (41) 3310-4858
e-mail: gadir-ct@utfpr.edu.br | *site:* www.ct.utfpr.edu.br

UNIVERSIDADE TUIUTI DO PARANÁ
Rua Sydnei A. Rangel Santos, 238, Santo Inácio
CEP 82010-330 – Curitiba
Telefone: (41) 3331-8113
e-mail: arquitetura@utp.br | *site:* www.utp.br

PERNAMBUCO
FACULDADE DAMAS DA INSTRUÇÃO CRISTÃ
Av. Rui Barbosa, 1426-B, Graças
CEP 52050-000 – Recife
Telefone: (81) 3426-5026 Fax:(81) 3241-7558
e-mail: diretoria@faculdadedamas.edu.br
site: www.faculdadedamas.edu.br

FACULDADE DE ARQUITETURA E URBANISMO DE PERNAMBUCO
Av. Norte, 80, Santo Amaro
CEP 50040-200 – Recife
Telefone: (81) 3222-5015
e-mail: faupe@alae.com.br | *site:* www.faupe.com.br

FACULDADE DE CIÊNCIAS HUMANAS ESUDA
Rua Bispo Cardoso Ayres, s/n, Santo Amaro
CEP 50050-100 – Recife
Telefone: (81) 3412.4263
e-mail: secretaria@esuda.com.br | *site:* www.esuda.com

FACULDADE DO VALE DO IPOJUCA
Av. Adjar da Silva Casé, 800, Indianápolis
CEP 55024-901 – Caruaru
telefone: (81) 3722-8072
e-mail: andreza.procoro@favip.edu.br | *site:* www.favip.edu.br

JAIME LERNER

FACULDADE MAURÍCIO DE NASSAU
Rua Guilherme Pinto, 114, Graças
CEP 52011-210 – Recife
Telefone: (81) 3413-4611
e-mail: anderson.aragao@prec.mauriciodenassau.edu.br
site: arquitetura.mauriciodenassau.edu.br/index.php

UNIVERSIDADE CATÓLICA DE PERNAMBUCO
Rua do Príncipe, 526, Boa Vista
CEP 50050-900 – Recife
Telefone: (81) 2119-4000
e-mail: amgrego@unicap.br | *site:* www.unicap.br

UNIVERSIDADE FEDERAL DE PERNAMBUCO
Av. Professor Moraes Rego, 1235
CEP 50670-901 – Recife
Telefone: (81) 2126 8771 Fax: (81) 2126 8770
e-mail: arquitetura@ufpe.br | *site:* www.ufpe.br

PIAUÍ
INSTITUTO DE CIÊNCIAS JURÍDICAS E SOCIAIS PROFESSOR CAMILLO
FILHO
Rua Napoleão Lima, 1280, Jóquei Clube
CEP 64049-220 – Teresina
Telefone: (86) 3122-8809
e-mail: coord_arquitetura@icf.edu.br | *site:* www.icf.edu.br

UNIVERSIDADE FEDERAL DO PIAUÍ
Campus Universitário Ministro Petrônio Portella, s/n, SG 07, Ininga
CEP 64049-550 – Teresina
Telefone: (86) 3215-5699 Fax: (86) 3215-5698
e-mail: jgps@ufpi.br | *site:* www.ufpi.br/ct

RIO DE JANEIRO
CENTRO UNIVERSITÁRIO AUGUSTO MOTTA
Unidade Bonsucesso
Av. Paris, 72, Bonsucesso
CEP 21041-020 – Rio de Janeiro
Telefone: (21)2401-5635

O QUE É SER URBANISTA [OU ARQUITETO DE CIDADES]

UNIDADE BANGU
Rua Fonseca, 240, Bangu
CEP 22730-190 – Rio de Janeiro
Telefone: (21)2401-5635
e-mail: arquitetura@unisuam.edu.br | *site:* www.unisuam.edu.br

CENTRO UNIVERSITÁRIO FLUMINENSE
FACULDADE DE FILOSOFIA DE CAMPOS
Av. Visconde de Alvarenga, s/n, Parque Universitário Campos dos Goytacazes
CEP 28050-420 – Campos dos Goytacazes
Telefone: (22) 2732-4630 / 2732-2090
e-mail: cvarcon@censanet.com.br | *site:* www.uniflufafic.edu.br/

CENTRO UNIVERSITÁRIO GERALDO DI BIASE
Campus Volta Redonda
Rua Deputado Geraldo Di Biase, 81, Aterrado
CEP 27213-080 – Volta Redonda - RJ
Telefone: (24) 3345-1700, ramal 1730
e-mail: marcellus@ugb.edu.br | *site:* www.ugb.edu.br

CENTRO UNIVERSITÁRIO METODISTA BENNETT
Rua Marques de Abrantes, 55, Flamengo
CEP 22230-060 – Rio de Janeiro
Telefone: (21) 3509-1031 Fax: (21) 2205-2176
e-mail: proacad@bennett.br | *site:* www.bennett.br

CENTRO UNIVERSITÁRIO PLÍNIO LEITE
Av. Visconde do Rio Branco, 123, Centro
CEP 24020-001 – Niterói
Telefone: (21) 2199-1441
e-mail: reitor@plinioleite.com.br | *site:* www.plinioleite.com.br

FACULDADES INTEGRADAS SILVA E SOUZA
Unidade Jacarepaguá
Estrada dos Três Rios, 385, Freguesia
Telefone: (21) 2456-2069
e-mail: ednapompilho@silvaesouza.com.br
site: www.silvaesouza.com.br

FACULDADE REDENTOR
BR 356, 25, Cidade Nova
CEP 28300-000 – Itaperuna
Telefone: (22) 3823-7553 Fax: (22)38237553
e-mail: coordarq@redentor.edu.br | *site:* www.redentor.edu.br

INSTITUTO FEDERAL DE EDUCAÇÃO, CIÊNCIA E TECNOLOGIA
FLUMINENSE
Rua Doutor Siqueira, 273
CEP 28030-130 – Campos dos Goytacazes
Telefone: (22) 2733 3244 Fax: (22) 2733 3079
e-mail: webmaster@cefetcampos.br | *site:* www.cefetcampos.br

INSTITUTO TECNOLÓGICO E DAS CIÊNCIAS SOCIAIS APLICADAS E DA
SAÚDE DO CENTRO EDUC. N. SRª AUXILIADORA
Rua Salvador Correa, 139, Centro
CEP 28035-310 – Campos dos Goytacazes
Telefone: (22) 2726-2729
e-mail: aristides@censanet.com.br | *site:* www.isecensa.edu.br

PONTIFÍCIA UNIVERSIDADE CATÓLICA DO RIO DE JANEIRO
Marquês de São Vicente, 225, edifício Cardeal Leme, Gávea
CEP 22451-900 – Rio de Janeiro
Telefone: (21) 3527-1828 Fax: (21) 3527-1195
e-mail: gradarq@puc-rio.br | *site:* www.arq.puc-rio.br

UNIVERSIDADE ESTÁCIO DE SÁ
Campus Barra V –Terra Encantada
Avenida Ayrton Senna, 2.800, Barra da Tijuca
CEP 22775-003 – Rio de Janeiro
Telefone: (21) 3410-7400
e-mail: dae@estacio.br | *site:* www.estacio.br

UNIVERSIDADE FEDERAL DO RIO DE JANEIRO
FACULDADE DE ARQUITETURA E URBANISMO
Avenida Brigadeiro Trompowsky s/n, Cidade Universitária
CEP 21941-590 – Rio de Janeiro
Telefone: (21)2598-1890 Fax: (21)2598-1890
e-mail: diretorfau@fau.ufrj.br | *site:* www.fau.ufrj.br

O QUE É SER URBANISTA [OU ARQUITETO DE CIDADES]

UNIVERSIDADE FEDERAL FLUMINENSE
Escola de Arquitetura e Urbanismo
Rua Passo da Pátria, 156, São Domingos
CEP 24210-240 – Niterói
Telefone: (21) 2629-5743
e-mail: tga@vm.uff.br | *site:* www.uff.br

UNIVERSIDADE FEDERAL RURAL DO RIO DE JANEIRO
Rodovia Br 465, km 7, s/n, Seropédica
CEP 23890 – Rio de Janeiro
Telefone: (21) 2682-1112
e-mail: gabinete@ufrrj.br | *site:* www.ufrrj.br

UNIVERSIDADE GAMA FILHO
Campus Piedade
Rua Manuel Vitorino, 553, Piedade
CEP 20740-900 – Rio de Janeiro

UNIDADE BARRA-DOWNTOWN
Av. das Américas, 500, blocos 5 e 7, Barra da Tijuca
CEP 22640-100 – Rio de Janeiro
Telefone: (21) 2599-7100
e-mail: arquitetura@ugf.br | *site:* www.ugf.br

UNIVERSIDADE SANTA ÚRSULA
Rua Fernando Ferrari, 75, Botafogo
CEP 22231-040 – Rio de Janeiro
Telefone: (21) 2554-2500, ramal 2249
e-mail: dave@usu.br | *site:* www.usu.br

RIO GRANDE DO NORTE
UNIVERSIDADE FEDERAL DO RIO GRANDE DO NORTE
Avenida Senador Salgado Filho, 3000
CEP 59078-970 – Natal
Telefone: (84) 3215 3711
e-mail: contato@ct.ufrn.br | *site:* www.ufrn.br

UNIVERSIDADE POTIGUAR
Av. Nascimento de Castro, 1597, Dix Sept Rosado
Telefone: (84) 40091408 – Natal
e-mail: arquitetura@unp.br | *site:* www.unp.br

RIO GRANDE DO SUL
CENTRO UNIVERSITÁRIO FEEVALE
RS-239, 2755
CEP 93352-000 – Novo Hamburgo
Telefone: (51) 3586-8800, ramal 8679.
e-mail: leandro@feevale.br | *site:* www.feevale.br

CENTRO UNIVERSITÁRIO FRANCISCANO
Rua Silva jardim,1175
CEP 97010-491 – Santa Maria
Telefone: (55) 30251202, ramal 238
e-mail: arquitetura@unifra.br | *site:* www.unifra.br

CENTRO UNIVERSITÁRIO METODISTA
Rua Cel. Joaquim Pedro Salgado, 80, Rio Branco
CEP 90420-060 – Porto Alegre
Telefone: (51) 3316.1300
e-mail: arquitetura.urbanismo@metodistadosul.edu.br
site: www.metodistadosul.edu.br

CENTRO UNIVERSITÁRIO RITTER DOS REIS
Rua Orfanotrófio, 555, Alto Teresópolis
CEP 90840-440 – Porto Alegre
Telefone (51) 3230-3308
e-mail: arquitetura@uniritter.edu.br | *site:* www.uniritter.edu.br

CENTRO UNIVERSITÁRIO UNIVATES
Rua Avelino Tallini, 171, Bairro Universitário
CEP 95900-000 – Lajeado
Telefone: (51) 3714-7000
e-mail: merlin@univates.br | *site:* www.univates.br

O QUE É SER URBANISTA [OU ARQUITETO DE CIDADES]

PONTIFÍCIA UNIVERSIDADE CATÓLICA DO RIO GRANDE DO SUL
FACULDADE DE ARQUITETURA E URBANISMO
Av. Ipiranga, 6681, prédio 09
CEP 90619-900 – Porto Alegre
Telefone: (51) 3320-3564 Fax: (51) 3320-3623
e-mail: arquitetura@pucrs.br | *site:* www.pucrs.br/fau

UNIVERSIDADE CATÓLICA DE PELOTAS
Rua Félix da Cunha, 412
CEP 96010-000 – Pelotas
Telefone: (53) 2128.8216
e-mail: eea@phoenix.ucpel.tche.br | *site:* www.ucpel.tche.br

UNIVERSIDADE DA REGIÃO DA CAMPANHA
Sede de Bagé
Av. Tupy Silveira, 2099
CEP 96400-110 – Bagé
e-mail: urcamp@urcamp.tche.br | *site:* www.urcamp.tche.br/ccea/

UNIVERSIDADE DE CAXIAS DO SUL
Rua Francisco Getúlio Vargas, 1130
CEP 95070-560 – Caxias do Sul
Telefone: (54) 3218-2143
e-mail: paainda@ucs.br | *site:* www.ucs.br

UNIVERSIDADE DE CRUZ ALTA
Rua Andrade Neves, 308
CEP 98025-810 – Cruz Alta
Telefone: (55) 3321-1500
e-mail: arquitetura@unicruz.edu.br | *site:* www.unicruz.edu.br

UNIVERSIDADE DE PASSO FUNDO
Faculdade de Engenharia e Arquitetura
BR 285, Km 171, Bairro São José
Telefone: (54) 3316-8216
e-mail: arquitetura@upf.br | *site:* www.upf.br

UNIVERSIDADE DE SANTA CRUZ DO SUL
Av. Independência, 2293, bairro Universitário, bloco 52
CEP 96815-900 – Santa Cruz do Sul
Telefone: (51) 3717-7539
e-mail: au@unisc.br | *site:* www.unisc.br

JAIME LERNER

UNIVERSIDADE DO VALE DO RIO DOS SINOS
Av. Unisinos, 950-B, Cristo Rei
CEP 93022-000 – São Leopoldo
Telefone: (51) 3590 8400, ramal 1710
e-mail: vmayer@unisinos.br | *site:* www.unisinos.br

UNIVERSIDADE FEDERAL DE PELOTAS
FACULDADE DE ARQUITETURA E URBANISMO
Campus Porto
Rua Benjamin Constant, 1359
CEP 96010-020 - Pelotas
Telefone: (53) 3284-5500
e-mail: faurb@ufpel.edu.br | *site:* www.ufpel.edu.br

UNIVERSIDADE FEDERAL DE SANTA MARIA
Cidade Universitária Prof. José Mariano da Rocha Filho, Avenida
Roraima,1000
97105-900 – Santa Maria
Telefone: (55) 3220.8772
e-mail: ccau@ct.ufsm.br | *site:* www.ufsm.br

UNIVERSIDADE FEDERAL DO RIO GRANDE DO SUL
FACULDADE DE ARQUITETURA
Av. Sarmento Leite, 320
CEP 90050-170 – Porto Alegre
Telefone: (51) 33083116 - Fax: (51) 33083989
e-mail: arquitetura@ufrgs.br | *site:* www.ufrgs.br/facarq/

UNIVERSIDADE LUTERANA DO BRASIL
Campus Canoas
Av. Farroupilha, 8001, São José
CEP 92425-900 – Canoas
Telefone: (51) 3477-9113

Campus Torres
Rua Universitária,1900, Parque do Balonismo
CEP 95.560-000 – Torres
Telefone: (51) 3626.2000

O QUE É SER URBANISTA [OU ARQUITETO DE CIDADES]

Campus Santa Maria
BR 287, Km 252, Trevo Maneco Pedroso, Boca do Monte
CEP 97020-001 – Santa Maria
Telefone: (55) 3214.2333
e-mail: bennett@ulbra.br | *site:* www.ulbra.br

UNIVERSIDADE REGIONAL INTEGRADA DO ALTO URUGUAI E DAS MISSÕES
Campus Santiago
Av. Batista Bonotto Sobrinho, s/n
CEP 97 700 000 – Santiago
Telefone: (55) 3251-3151 Fax: (55) 3251-3151
e-mail: uri@santiago.uri.br | *site:* www.santiago.uri.br

RONDÔNIA
CENTRO UNIVERSITÁRIO LUTERANO DE JI-PARANÁ
Av. Eng°. Manfredo Barata A. da Fonseca, 762, Jardim Aurélio Bernardi
CEP 76907-438 – Porto Velho
Telefone: (69) 3416-3172
e-mail: arquiteturajp@ulbra.br | *site:* www.ulbra.br/ji-parana

FACULDADES INTEGRADAS APARÍCIO CARVALHO
Rua Araras, 241, Jardim Eldorado
CEP 78912-640 – Porto Velho
Telefone: (69) 3217-8900
e-mail: osvaldoarq@hotmail.com | *site:* www.fimca.com.br

FACULDADE INTERAMERICANA DE PORTO VELHO
Av. Mamoré, 1520, Cascalheira
CEP 78919-541 – Porto Velho
Telefone: (69) 3733-5071
e-mail: arquitetura@uniron.edu.br | *site:* www.uniron.edu.br

RORAIMA
UNIVERSIDADE FEDERAL DE RORAIMA
Campus Paricarana
Av. Cap. Ene Garcez, 2413,Bloco III, Aeroporto
CEP 69304-000 – Boa Vista
Telefone: (95) 3621-3186
e-mail: ci@ascom.ufrr.br | *site:* www.ufrr.br

SANTA CATARINA
CENTRO UNIVERSITÁRIO DE JARAGUÁ DO SUL
Rua dos Imigrantes, 500
CEP 89254-430 – Jaraguá do Sul
Telefone: (47) 3275 8200
e-mail: reitoria@unerj.br | *site:* www.unerj.br

CENTRO UNIVERSITÁRIO LEONARDO DA VINCI
Rodovia BR 470, Km 71, 1040
CEP 89130-000 – Indaial
Telefone: (47) 3281-9000 Fax: (47) 3281-9090
e-mail: gianmo.professor@uniasselvi.com.br | *site:* www.uniasselvi.com.br

FACULDADE BARDDAL DE ARTES APLICADAS
Av. Madre Benvenuta, 416, Trindade
CEP 88036-500 – Florianópolis
Telefone: (48) 3234-2344
e-mail: dulcinhaarq@brturbo.com.br | *site:* www.barddal.br

FUNDAÇÃO UNIVERSIDADE DO ESTADO DE SANTA CATARINA
Av. Madre Benvenuta, 2007, Itacorubi
CEP 88035-001 - Florianópolis
Telefone: (48) 3647-4190
e-mail: contato.ceres@udesc.br | *site:* www.udesc.br

INSTITUTO SUPERIOR TUPY
Rua Albano Schmidt, 3333
CEP 89206-001 – Joinville
Telefone: (47) 3461-0170
e-mail: katia.paula@sociesc.org.br
site: www.sociesc.org.br/ensino/ist/index.htm

UNIVERSIDADE COMUNITÁRIA REGIONAL DE CHAPECÓ
Unidade Chapecó
Av. Senador Attílio Fontana, 591-E
CEP 89809-000 – Chapecó
Telefone: (49) 3218111
e-mail: cetec@unochapeco.edu.br | *site:* www.unochapeco.edu.br

O QUE É SER URBANISTA [OU ARQUITETO DE CIDADES]

UNIVERSIDADE DO CONTESTADO
Av. Leoberto Leal, 1904, Bairro Universitário Waldemar Ortigari
CEP 89520-000 – Curitibanos
Telefone: (49) 3245-4100
e-mail: engenheirociro@gmail.com | *site:* www.cbs.unc.br/arquitetura/

UNIVERSIDADE DO EXTREMO SUL CATARINENSE
Av. Universitária, 1105, bairro Universitário
CEP 88806-000 – Criciúma
Telefone: (48) 3431.2556
e-mail: arquitetura@unesc.net | *site:* www.unesc.net

UNIVERSIDADE DO OESTE DE SANTA CATARINA
Campus de Xanxerê
Rua Dirceu Giordani, 696, bairro Jardim Universitário
CEP 89820-000 – Xanxerê
Telefone: (49) 3441-7000

Campus de São Miguel do Oeste
Rua Oiapoc, 211, Agostini
CEP 89900-000 – São Miguel do Oeste
Telefone: (49) 3631-1000
e-mail: arquitetura.xxe@unoesc.edu.br e sae@unoescsmo.edu.br
site: www.unoesc.edu.br

UNIVERSIDADE DO SUL DE SANTA CATARINA
Campus Norte da Ilha
Rodovia SC 401, Km 19, Canasvieiras
CEP 88050-001 – Florianópolis
Telefone: (48) 3261-0000

Campus Tubarão
Av. José Acácio Moreira, 787, Dehon
CEP 88704-900 – Tubarão
Telefone: (48) 3621-3000
e-mail: solange.souza@unisul.br | *site:* www.unisul.br

UNIVERSIDADE DO VALE DO ITAJAÍ
Campus Balneário Camboriú
5ª Avenida, s/n, bairro dos Municípios
CEP 88337-300 – Balneário Camboriú
Telefone: (47) 3261-1219 Fax: (47) 3261-1219, ramal: 1219
e-mail: arquitetura@univali.br | *site:* www.univali.br

UNIVERSIDADE FEDERAL DE SANTA CATARINA
Campus Universitário, s/n, Trindade
CEP 88040-970 – Florianópolis
Telefone: (48) 3721-9275
e-mail: jacque@arq.ufsc.br | *site:* www.ufsc.br

UNIVERSIDADE REGIONAL DE BLUMENAU
Rua Antônio da Veiga, 140, Victor Konder
CEP 89012-900 – Blumenau
Telefone: (47) 3321-0273
e-mail: yyp@furb.br | *site:* www.furb.br

SÃO PAULO
CENTRO UNIVERSITÁRIO BARÃO DE MAUÁ
Unidade Irajá
Rua Chile, 845, Jardim Irajá
CEP 14020-610 – Ribeirão Preto
Telefone: (16) 3993-9230
e-mail: geraldinejr@baraodemaua.br | *site:* www.baraodemaua.br

CENTRO UNIVERSITÁRIO BELAS ARTES DE SÃO PAULO
Rua Dr. Álvaro Alvim, 114
CEP 04018-010 São Paulo
Telefone: (11) 5576-5810
e-mail: arquiteturaurbanismo@belasartes.br | site: www.belasartes.br

CENTRO UNIVERSITÁRIO CENTRAL PAULISTA
Rua Miguel Petroni, 5111, Jd. Centenário
CEP 13563-470 – São Carlos
Telefone: (16) 3362-2111
e-mail: arquitetura@unicep.com.br | *site:* www.unicep.edu.br

CENTRO UNIVERSITÁRIO DE ARARAS - "DR. EDMUNDO ULSON"
Av. Ernani Lacerda de Oliveira, 100, Pq. Sta. Cândida
CEP 13603-112 – Araras
Telefone: (19) 3541-5943
e-mail: arqjc@unar.edu.br | *site:* www.unar.edu.br

O QUE É SER URBANISTA [OU ARQUITETO DE CIDADES]

CENTRO UNIVERSITÁRIO DE ARARAQUARA
Rua Carlos Gomes, 1338
CEP 14801-340 – Araraquara
Telefone: (16) 3301 7100
e-mail: uniara@uniara.com.br | *site:* www.uniara.com.br

CENTRO UNIVERSITÁRIO DE VOTUPORANGA
Campus Centro
Rua Pernambuco, 4196, Centro
CEP 15500-006 – Votuporanga
Campus Cidade Universitária
Av. Nasser Marão, 3067 - Pq. Industrial I
CEP 15503-005 – Votuporanga
Telefone: (17) 3405-9999
e-mail: fev@votuporanga.com.br | *site:* www.fev.edu.br

CENTRO UNIVERSITÁRIO MÓDULO
Av. Frei Pacífico Wagner, 653, Centro
CEP 11660-903 – Caraguatatuba
Telefone (12) 3897-2000 - Fax (12) 3897-2021
e-mail: tatiane.ribeiro@modulo.edu.br | *site:* www.modulo.br

CENTRO UNIVERSITÁRIO MOURA LACERDA
Unidade II - Campus Ribeirão Preto
Av. Dr. Oscar de Moura Lacerda, 1520
CEP 14076-510 – Ribeirão Preto
Av. Nasser Marão, 3067 - Pq. Industrial I
CEP 15503-005
Telefone: (16) 2101-1010
e-mail: reitoria@mouralacerda.edu.br | *site:* www.mouralacerda.edu.br

CENTRO UNIVERSITÁRIO DE RIO PRETO
Unidade Progresso
Av. Jornalista Roberto Marinho, km 183, Jardim Yolanda
CEP 15061-500 – São José do Rio Preto
Telefone: (17) 3221-3330
e-mail: reitoria@unirpnet.com.br | *site:* www.unirpnet.com.br

CENTRO UNIVERSITÁRIO NOSSA SENHORA DO PATROCÍNIO
Campus Universitário Nossa Senhora do Mont Serrat
Rua 9 de Julho, 1760, Pq. Chácara Roma, Salto
CEP 04739-010 – São Paulo
Telefone: (11) 4028-8800
e-mail: claudio.ferreira@coord.ceunsp.edu.br | *site:* www.ceunsp.edu.br

ESCOLA DA CIDADE
FACULDADE DE ARQUITETURA E URBANISMO
Rua General Jardim, 65, Vila Buarque
CEP 01223-001 – São Paulo
Telefone: (11) 3258 8108
e-mail: escoladacidade@escoladacidade.edu.br
site: www.escoladacidade.edu.br

ESCOLA SUPERIOR DE TECNOLOGIA E EDUCAÇÃO DE RIO CLARO
Rua 7, 1193, Centro
CEP 13500-200 – Rio Claro
Telefone: (19) 3525-2945 Fax: (19) 3523-2001
e-mail: monicafrandiferreira@hotmail.com | *site:* www.asser.com.br

FACULDADE DE ARTES PLÁSTICAS DA FUNDAÇÃO ARMANDO ALVARES PENTEADO
Rua Alagoas, 903, Higienópolis
CEP 01242-902 – São Paulo
Telefone: (11) 3662-7085
e-mail: art.arquitet@faap.br | *site:* www.faap.br

FACULDADE FACCAT
Rua Cherentes, 36, Centro
CEP 17.600-090 – Tupã
Telefone: (14) 3404-3620
e-mail: arquitetura@faccat.com.br | *site:* www.faccat.com.br

FACULDADES INTEGRADAS DE OURINHOS
Rodovia BR153 Km339 + 400m, Água do Cateto
CEP 19900-000 – Ourinhos
Telefone: (14) 3302-6400 Fax: (14) 3302 6401
e-mail: au@fio.edu.br | *site:* www.fio.edu.br

O QUE É SER URBANISTA [OU ARQUITETO DE CIDADES]

FACULDADES INTEGRADAS DOM PEDRO II
Av. Bady Bassitt, 3777, Vila Imperial
CEP 15015-700 – São José do Rio Preto
Telefone: (17) 2139.1603
e-mail: vera@dompedro.edu.br | *site:* www.dompedro.com.br

FIAM-FAAM - CENTRO UNIVERSITÁRIO
Campus Vila Mariana
Av. Lins de Vasconcelos, 3406, Mariana
CEP 04112-012 – São Paulo
e-mail: arquitetura@fiamfaam.br | *site:* www.fiamfaam.br

INSTITUTO DE ENSINO SUPERIOR COC
Unidade I
Rua Abrahão Issa Halack, 980, Ribeirânia
CEP 14096-160 – Ribeirão Preto
Telefone: (16) 3603-9800
e-mail: cmuniz@coc.com.br | *site:* www.unicoc.edu.br/ribeiraopreto/

PONTIFÍCIA UNIVERSIDADE CATÓLICA DE CAMPINAS
FACULDADE DE ARQUITETURA E URBANISMO
Rod. D. Pedro I, km 136, Parque das Universidades
CEP 13086-900 – Campinas
Telefone: (19) 3343-7077
e-mail: fau.ceatec@puc-campinas.edu.br
site: www.puc-campinas.edu.br

UNIVERSIDADE ANHEMBI MORUMBI
Av. Roque Petroni Júnior, 630, Morumbi
CEP 04707-000 – São Paulo
Telefone: (11) 5095 5605
e-mail: marcuslima@anhembi.br | *site:* www.anhembi.br

UNIVERSIDADE BANDEIRANTE DE SÃO PAULO
Unidade ABC
Av. Rudge Ramos, 1.501
CEP 09636-000 – São Bernardo do Campo
Telefone: (11) 4362-9000

JAIME LERNER

Unidade Marte
Av. Braz Leme, 3.029
CEP 02022-011 – São Paulo
Telefone: (11) 2972-9000

Unidade Osasco
Av. dos Autonomistas, 1.325
CEP 06020-015 – Osasco
(11) 3699-9000

Unidade Vila Mariana
Rua Afonso Celso, 235 - Vila Mariana
CEP 04119-001 – São Paulo
Telefone: (11) 5085-9000
e-mail: ipolitecnico@uniban.br | *site:* www.uniban.br

UNIVERSIDADE BRAZ CUBAS
Av. Francisco Rodrigues Filho, 1233, Mogilar
CEP 08773-380 – Mogi das Cruzes
Telefone: (11) 47918085
e-mail: fatimamartins@brazcubas.br | *site:* www.brazcubas.br

UNIVERSIDADE CAMILO CASTELO BRANCO
Campus São Paulo
Rua Carolina Fonseca, 584, Itaquera
CEP 08230-030 – São Paulo
Telefone: 0800 170099
e-mail: unicasteloc1@unicastelo.br | *site:* www.unicastelo.br

UNIVERSIDADE CATÓLICA DE SANTOS
Av. Conselheiro Nébias, 589/595
CEP 11015-002 – Santos
Telefone: (13) 3205-5555, ramal 812
e-mail: coord.arq@unisantos.br | *site:* www.unisantos.br

UNIVERSIDADE CRUZEIRO DO SUL
Campus Anália Franco
Av. Regente Feijó, 1.295
CEP 03342-000 – São Paulo
Telefone: (11) 26726200
e-mail: ines.confuorto@cuzeirodosul.edu.br
site: www.cruzeirodosul.edu.br

O QUE É SER URBANISTA [OU ARQUITETO DE CIDADES]

UNIVERSIDADE DE FRANCA
Av. Dr. Armando Salles Oliveira, 201, Parque Universitário
CEP 14404-600 – Franca
Telefone: (16) 3711-8888 Fax: (16) 3711-8886
e-mail: arquitetura@unifran.br | *site:* www.unifran.br

UNIVERSIDADE DE MARÍLIA
Av. Higyno Muzzi Filho, 1001
CEP 17.525-902 – Marília
Telefone: (14) 2105-4000
e-mail: feat@unimar.br | *site:* www.unimar.com.br

UNIVERSIDADE DE MOGI DAS CRUZES
Av. Dr. Cândido Xavier de Almeida e Souza, 200
CEP 08780-911 – Mogi das Cruzes
Telefone: (11) 4798-7084
e-mail: ragaini@umc.br | *site:* www.umc.br

UNIVERSIDADE DO OESTE PAULISTA
Campus II
Rodovia Raposo Tavares, Km 572, Limoeiro
CEP 19.067-175 – Presidente Prudente
Telefone: (18) 3229-2016
e-mail: sibila@unoeste.br | *site:* www.unoeste.br

UNIVERSIDADE DO SAGRADO CORAÇÃO
Rua Irmã Arminda, 10-50, Jardim Brasil
CEP 17011-160 – Bauru
Telefone: (14) 2107-7000
e-mail: emiranda@usc.br | *site:* www.usc.br

UNIVERSIDADE ESTADUAL DE CAMPINAS
Rua Saturnino de Brito, 224, Cidade Universitária Zeferino Vaz
CEP 13.083-852 – Campinas
Telefone: (19) 352 12308 Fax: (19) 3521 2411
e-mail: margot@fec.unicamp.br | *site:* www.unicamp.br

JAIME LERNER

UNIVERSIDADE ESTADUAL PAULISTA JÚLIO DE MESQUITA FILHO
Campus Presidente Prudente
Rua Roberto Simonsen, 305
CEP19060-900 – Presidente Prudente
Telefone: (18) 3229-5388

Campus Bauru
Av. Engenheiro Luiz Edmundo Carrijo Coube, 14-01, Vargem Limpa
CEP 17.033-360 –Bauru
Telefone: (18) 3229-5388
e-mail: dta@faac.unesp.br e dta@prudente.unesp.br
site: www.unesp.br

UNIVERSIDADE PRESBITERIANA MACKENZIE
Rua da Consolação, 930, Consolação
CEP 01302-090 – São Paulo
Telefone: (11) 2114-8425
e-mail: silvios@mackenzie.brcaldana@mackenzie.br
site: www.mackenzie.br

UNIVERSIDADE SANTA CECÍLIA
Rua Oswaldo Cruz, 277, Boqueirão
CEP 11045-907 – Santos
Telefone: (13) 3202-7122
e-mail: penteado@unisanta.br | *site:* www.unisanta.br

UNIVERSIDADE SÃO JUDAS TADEU
Unidade Mooca
Rua Taquari, 546, Mooca
CEP 03166-000 – São Paulo
Telefone: (11) 2799-1677
e-mail: daa@usjt.br | *site:* www.usjt.br

UNIVERSIDADE SÃO MARCOS
Campus ABC
Rua Antônio Gomes Ferreira,89, Ipiranga
CEP 04257-100 – São Paulo
Telefone: (11) 2083.4800
e-mail: reitoria@smarcos.br| *site:* www.smarcos.br

O QUE É SER URBANISTA [OU ARQUITETO DE CIDADES]

UNIVERSIDADE DE SÃO PAULO
FACULDADE DE ARQUITETURA E URBANISMO
Unidade Cidade Universitária
Rua do Lago, 876
CEP 05508-080 – São Paulo

Unidade Maranhão
Rua Maranhão, 88
CEP 01240-000 – São Paulo
Telefone: (11) 3091-4796
e-mail: fau@usp.br | *site:* www.fau.usp.br

UNIVERSIDADE DE TAUBATÉ
Praça Félix Guisard, 120
CEP 12020-350 – Taubaté
Telefone: (12) 3625-4183
e-mail: arq@unitau.br | *site:* www.unitau.br

UNIVERSIDADE DO GRANDE ABC
Av. Industrial, 3330, Campestre
CEP 09080-511 – Santo André
Telefone: (11) 4991-9800
e-mail: coordenacao.arquitetura@uniabc.br | *site:* www.uniabc.br

UNIVERSIDADE DO VALE DO PARAÍBA
Av. Shishima Hifumi, 291, bloco FEAU, Urbanova
CEP 12244-000 – São José dos Campos
Telefone: (12) 3625-4183
e-mail: dalbelo@univap.br | *site:* www.univap.br

UNIVERSIDADE GUARULHOS
Unidade Guarulhos-Centro
Pç. Tereza Cristina, 1, Centro
CEP 07023-070 – Guarulhos
Telefone: (11) 2409 9222
e-mail: abusnardo@prof.ung.br | *site:* www.ung.br

JAIME LERNER

UNIVERSIDADE IBIRAPUERA
Unidade Sede Moema
Av. Iraí, 297, Moema
CEP 04082-000 – São Paulo
Telefone: (11) 5091-1155
e-mail: coordenador@ibirapuera.br | *site:* www.ibirapuera.br

UNIVERSIDADE METODISTA DE PIRACICABA
Rod. Santa Bárbara/Iracemápolis, km 1
CEP 13.450-000 – Santa Bárbara d´Oeste
Telefone: (19) 3124-1784
e-mail: njardim@unimep.br | *site:* www.unimep.br

UNIVERSIDADE NOVE DE JULHO
Campus Memorial
Av. Adolfo Pinto, 109, Barra Funda
CEP 03613-110 – São Paulo
Telefone: (11) 2633-9000
e-mail: uninove@uninove.br | *site:* www.uninove.br

UNIVERSIDADE PAULISTA
Unidade Alphaville
Av. Yojiro Takaoka, 3500
CEP 06500-000 – Santana de Parnaíba
Telefone: (11) 4152-8888

Unidade Bauru
Rodovia Marechal Rondon, km 335
CEP 17048-290 – Bauru
Telefone: (14) 3312-7000

Unidade Ribeirão Preto
Av. Carlos Consoni, 10, Jardim Canadá
CEP 14024-270 – Ribeirão Preto - SP
Telefone: (16) 3602-6732

Unidade São José do Rio Preto
Av. Pres. Juscelino Kubitschek de Oliveira, s/nº, Jd.Tarraf II
CEP 15091-450 – São José do Rio Preto
Telefone: (17) 2137-5000

O QUE É SER URBANISTA [OU ARQUITETO DE CIDADES]

Unidade São José dos Campos
Rod. Presidente Dutra, km 157,5, Pista Sul
CEP 12240-420 – São José dos Campos
Telefone: (12) 2136-9000

Unidade Sorocaba
Av. Independência, 210, Jardim Éden
CEP 18087-101 – Sorocaba
Telefone: (15) 3412-1000

Unidade Indianópolis
Rua Dr. Bacelar, 1212 - Vila Clementino
CEP 04026-002 – São Paulo
Telefone: (11) 2790-1550

Unidade Marquês
Av. Marquês de São Vicente, 3001, Água Branca
CEP 05036-040 – São Paulo
Telefone: (11) 3613-7052

Unidade Norte
Rua Amazonas da Silva, 737 - Vila Guilherme
CEP 02051-001 – São Paulo
site: www.unip.br

UNIVERSIDADE SÃO FRANCISCO
Rua Alexandre Rodrigues Barbosa, 45, Centro
CEP 13251-900 – Itatiba
Telefone: 4534-8000
e-mail: fernando.atique@saofrancisco.edu.br
site: www.saofrancisco.edu.br

SERGIPE
UNIVERSIDADE FEDERAL DE SERGIPE
Praça Samuel de Oliveira, 199, Centro
CEP 49170-000 – Laranjeiras
Telefone: (79) 3281-1311
e-mail: mamaciel@ufs.br | *site*: www.ufs.br

UNIVERSIDADE TIRADENTES
Campus Aracaju-Farolândia
Rua Murilo Dantas, 300, Farolândia
CEP 49032-490 – Aracaju
Telefone: (79) 32182311
e-mail: arquitetura@unit.br | *site:* www.unit.br

TOCANTINS
FACULDADE PRESIDENTE ANTÔNIO CARLOS
Rua Antônio Aires Primo, 2.398
CEP 77500-000 – Porto Nacional
Telefone: (63) 3363-6330
e-mail: iomar.to@hotmail.com| *site:* www.itpacporto.com.br

FUNDAÇÃO UNIVERSIDADE FEDERAL DO TOCANTINS
Avenida Ns 15 Al C No 14, s/n
CEP 77020-210 – Palmas
Telefone: (63) 3232-8094
e-mail: arqpalmas@uft.edu.br | *site:* www.uft.edu.br

Este livro foi composto na tipologia Roltis Sans Serif,
em corpo 11/15, impresso em papel off-set 90g/m²,
no Sistema Cameron da Divisão Gráfica
da Distribuidora Record.